象棋谱丛书

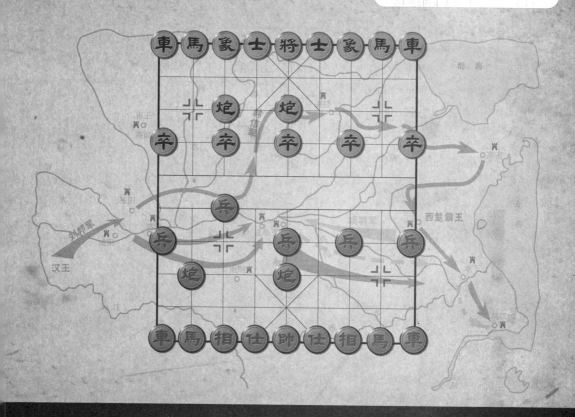

仙人指路对卒底炮转斗炮

黄少龙 段雅丽 杜彬 编

经济管理出版社·棋书中心

图书在版编目（CIP）数据

仙人指路对卒底炮转斗炮/黄少龙，段雅丽，杜彬编 . —北京：经济管理出版社，2016. 1
ISBN 978-7-5096-3641-1

I. ①仙…　Ⅱ. ①黄…　②段…　③杜…　Ⅲ. ①中国象棋—布局（棋类运动）　Ⅳ. ①G891. 2

中国版本图书馆 CIP 数据核字（2015）第 039436 号

组稿编辑：郝光明
责任编辑：郝光明　史岩龙
责任印制：黄章平
责任校对：雨　千

出版发行：经济管理出版社
　　　　　（北京市海淀区北蜂窝 8 号中雅大厦 A 座 11 层　100038）
网　　　址：www. E-mp. com. cn
电　　　话：（010）51915602
印　　　刷：三河市聚河金源印刷有限公司
经　　　销：新华书店
开　　　本：720mm×1000mm/16
印　　　张：12. 5
字　　　数：231 千字
版　　　次：2016 年 1 月第 1 版　　2016 年 1 月第 1 次印刷
印　　　数：1-5000 册
书　　　号：ISBN 978-7-5096-3641-1
定　　　价：35. 00 元

总　序

　　具有初、中级水平的棋友，如何提高棋力？这是大家关心的问题。

　　一是观摩象棋大师实战对局，细心观察大师在开局阶段怎样舒展子力、部署阵型，争夺先手；在中局阶段怎样进攻防御，谋子取势、攻杀入局；在残局阶段怎样运子，决战决胜，或者巧妙求和。从大师对局中汲取精华，为我所用。

　　二是把大师对局按照开局阵式分类罗列，比较不同阵式的特点、利弊及对中局以至残局的影响，从中领悟开局的规律及其对全盘棋的重要性。由于这些对局是大师们经过研究的作品，所以对我们有很实用的价值，是学习的捷径。

　　本丛书就是为满足广大棋友的需要，按上述思路编写的。全套丛书以开局分类共51册，每册一种开局阵式。读者可以选择先学某册开局，并在自己对弈实践中体会有关变化，对照大师对局的弈法找出优劣关键，就会提高开局功力，然后选择另一册，照此办理。这样一册一册学下去，掌握越来越多的开局知识，你的开局水平定会大为提高，赢棋就多起来。

　　本丛书以宏大的气魄，把象棋开局及其后续变化的巨大篇幅展示在读者面前，是棋谱出版的创举，也是广大棋友研究象棋的好教材，相信必将得到棋友们的喜爱。

黄少龙

2013. 11. 6

前 言

　　挺兵对卒底炮局，通常红补中炮进攻，此时黑就不能用屏风马应战了，但可用斗炮对抗。

　　当红摆右中炮时，黑可斗顺炮。红如挺七兵抢跳七路马，便成对攻形式，又可另走开右车跳边马，则是稳健的战术，于是早先挺起七兵就丧失效率了。不过，右车过河吃卒压马，可保持先手。此种顺炮与正式顺炮是迥然不同的。

　　当红摆左中炮时，黑可斗列炮，红也有缓攻与急攻两种方式。红跳右边马是缓攻，先手不大。所以目前人们多跳右正马并先开右车，这样放黑3卒过河形成对攻阵式，黑左车横出移右肋支援黑卒，双方互缠，变化复杂。这是目前较流行的布局变例。

黄少龙　段雅丽

2016 年 1 月

目 录

目 录

第一章　列　炮

第1局　陈孝坤胜林宏敏

1. 兵七进一　炮2平3
2. 炮八平五　炮8平5
3. 马二进三　马8进7
4. 车一平二　卒3进1
5. 马八进九　卒3进1
6. 车九平八　车9进1（图1）
7. 仕六进五　车9平4
8. 炮二进四　马2进1
9. 车二进五　车4进2
10. 兵三进一　车1进1
11. 兵三进一！车4进1
12. 马三进四　车4平7
13. 车八进五！车7进5?
14. 炮二平五　士6进5
15. 马四进六　炮3进1
16. 车二进二　马7进5
17. 炮五进四　车7退5
18. 车二平三　车7平6
19. 马六进五！（图2）

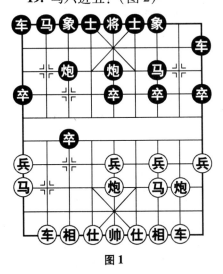

图1

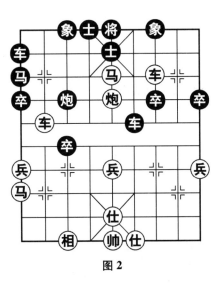

图2

第2局 谢丹枫负熊学元

1. 兵七进一 炮2平3　　　　2. 炮八平五 炮8平5
3. 马二进三 马8进7　　　　4. 车一平二 车9进1
5. 炮二进四 车9平4　　　　6. 马八进七 卒3进1（图3）
7. 车二进四 炮3进3　　　　8. 相七进九 炮3进1
9. 车二平三 炮5退1　　　　10. 车九平八 马2进3
11. 兵五进一? 车4进6　　　　12. 车三进二 马7退9
13. 炮二退四 车4平3　　　　14. 马三退五 车3平5!
15. 相三进五 炮5进4　　　　16. 车八进四 卒5进1
17. 车八退一 卒3进1　　　　18. 车三退一 车1进1
19. 车三平五 车1平5!　　　　20. 车五平四 马9进7
21. 车四进二 车5进1（图4）

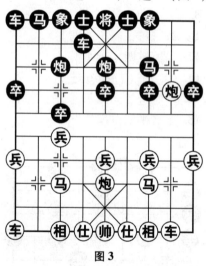

图3

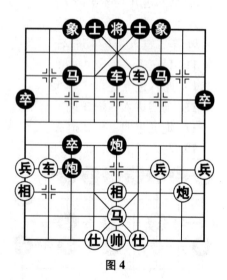

图4

第3局 申鹏胜郝继超

1. 兵七进一 炮2平3　　　　2. 炮八平五 炮8平5
3. 马二进三 马8进7　　　　4. 车一平二 车9平8
5. 炮二进四 士6进5　　　　6. 车九进二 马2进1（图5）
7. 车九平八! 车1进1　　　　8. 马八进七 车1平4

9. 仕六进五　车4进3　　　10. 兵五进一　车4进2
11. 兵三进一　卒7进1　　　12. 马三进五　卒7进1
13. 马五进三　炮3进3　　　14. 马七进五　炮3平7
15. 马五进三　车4平7　　　16. 相三进一　车7平6?
17. 炮五平二!　车8平9　　　18. 后炮平三　马7进6
19. 炮二进三　象7进9　　　20. 兵五进一!　卒5进1
21. 马三进四（图6）

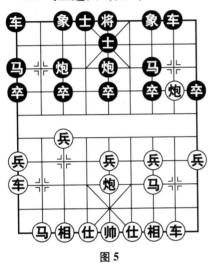

图5

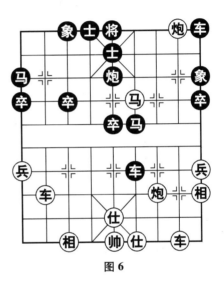

图6

第4局　张江负朱从思

1. 兵七进一　炮2平3　　　2. 炮八平五　炮8平5
3. 马二进三　马8进7　　　4. 炮二进四　卒3进1
5. 马八进九　卒3进1　　　6. 车九平八　卒7进1（图7）
7. 车一平二　马2进1　　　8. 车二进四　车9平8
9. 车二平七　车8进3　　　10. 车七进三　士4进5
11. 马九进七　炮5平6　　　12. 马七进六　象3进5
13. 车七退三　马7进6　　　14. 炮五平九　车8进5
15. 仕六进五　马6进7　　　16. 车八进六　车1平4
17. 车八退一　炮6进2!　　　18. 马六进七　车4进8
19. 车八进二　车8平7　　　20. 车八平九　车7退1
21. 炮九平六　象5退3!　　　22. 车九进二　象7进5

23. 马七退六　炮6平5

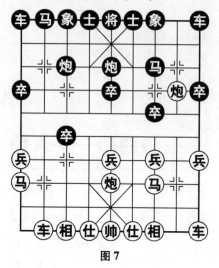

图7

24. 马六进五？车4平5！（图8）

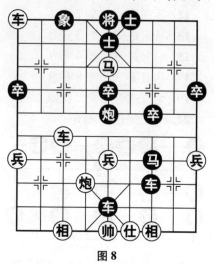

图8

第5局　赵庆阁负阎玉锁

1. 兵七进一　炮2平3	**2.** 炮八平五　炮8平5
3. 马二进三　马8进7	**4.** 车一平二　卒3进1
5. 炮二进四　卒3进1	
6. 马八进九　炮3退1（图9）	
7. 车二进四　马2进3	
8. 车九平八　车1进2	
9. 车八进八　车9进1	
10. 炮二进二　炮3平5	
11. 炮五平七？卒5进1！	
12. 车二平七　卒5进1	
13. 仕六进五　车9平8	
14. 炮七进五　卒5平4	
15. 车七平六　车1平3	
16. 车八平六　车3进7	
17. 后车退四　后炮进5	
18. 马三进五　车8平4！	

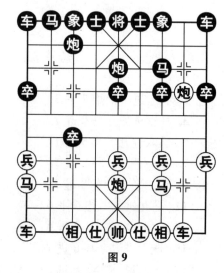

图9

19. 车六平七　车4进6！

20. 马九退八　车4退1

21. 马八进七　车4平3

22. 帅五平六　马7进5　　　　23. 马五进四　炮5平3

24. 帅六平五　炮3进5（图10）

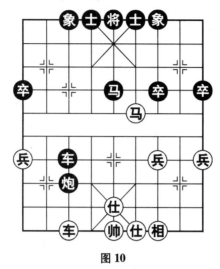

图 10

第6局　郑乃东负徐建秒

1. 兵七进一　炮2平3　　　　2. 炮八平五　炮8平5

3. 马二进三　马8进7　　　　4. 车一平二　卒3进1

5. 马八进九　卒3进1　　　　6. 仕六进五　车9平8

7. 炮二进四　卒7进1

8. 车九平八　马2进1（图11）

9. 炮二平三　车8进9

10. 炮三进三？　士6进5

11. 马三退二　车1平2！

12. 马二进三　车2进9

13. 马九退八　卒3进1

14. 炮三退四　马1进3

15. 兵三进一　马3进4

16. 炮三进一　炮3进7

17. 兵三进一　卒3平4

18. 炮五平七　卒4平5

19. 炮三平九　后卒进1

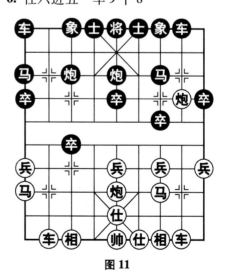

图 11

20. 炮七进二　马7进5　　21. 炮九退二　马4进6

22. 马三进五　卒5进1　　23. 马八进七　炮3退4

24. 马五进七　马5进4!（图12）

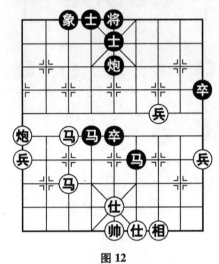

图 12

第7局　王昊负郝继超

1. 兵七进一　炮2平3　　2. 炮八平五　炮8平5

3. 马八进七　马8进7　　4. 马二进三　车9平8（图13）

5. 车一平二　车8进5

6. 车九平八　马2进1

7. 兵三进一　车8平7

8. 车八进八　炮3退1

9. 马三退五　车7平8

10. 马五进三　车8平3!

11. 炮二平一?　车3进2

12. 炮五进四　马7进5

13. 炮一平七　炮3进6

14. 仕四进五　车1平2

15. 车八进一　马1退2

16. 车二进四　马2进3

17. 车二平七　炮3平2

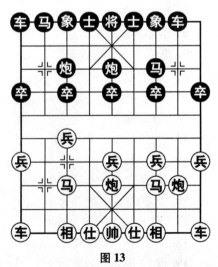

图 13

18. 车七进二 卒 7 进 1   19. 马三进二 卒 7 进 1

20. 马二进一 炮 2 退 6   21. 相三进五 炮 5 进 4 !

22. 马一进三 炮 2 平 3   23. 马三退五 炮 3 进 2

24. 马五进七 卒 1 进 1 （图 14）

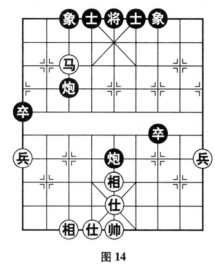

图 14

第 8 局 刘殿中胜殷广顺

1. 兵七进一 炮 2 平 3

2. 炮八平五 炮 8 平 5

3. 马二进三 马 8 进 7

4. 车一平二 卒 3 进 1

5. 马八进九 卒 3 进 1

6. 车九平八 车 9 进 1

7. 仕六进五 马 2 进 1

8. 炮二进四 车 9 平 4 （图 15）

9. 车二进五 车 4 进 2

10. 兵三进一 车 1 进 1

11. 兵三进一 车 4 进 1

12. 兵三平四 车 1 平 6

13. 炮二平五！士 6 进 5

14. 兵四平五 车 4 进 1

15. 车八进六 车 6 进 5

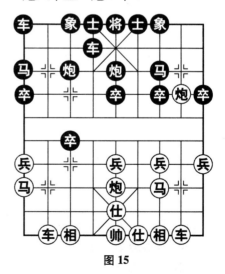

图 15

16. 前炮平七　炮3平4
17. 炮七平九　卒3进1
18. 前兵进一！车6平7
19. 前兵进一　象7进5
20. 马九进七　车7进1
21. 马七进五　炮4平3
22. 马五进四　炮3退1
23. 车二平六　车7退2?
24. 车六进三！车7平6
25. 马四进三（图16）

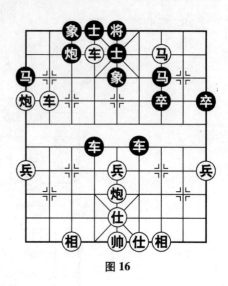

图 16

第9局　陆峥嵘负李鸿嘉

1. 兵七进一　炮2平3
2. 炮八平五　炮8平5
3. 马二进三　马8进7
4. 车一平二　卒3进1
5. 马八进九　卒3进1
6. 车九平八　马2进1
7. 仕六进五　车1平2
8. 车八进九　马1退2（图17）
9. 炮二平一　炮3进7
10. 车二进六　炮3退2
11. 仕五进六　炮3平5
12. 炮一平五　马2进3
13. 车二平三　车9进2
14. 车三退一? 卒5进1！
15. 车三退一　马7进5
16. 车三平七　车9平7
17. 兵三进一　卒5进1！
18. 兵五进一　车7进3
19. 马三进五　车7进1
20. 马五退七　车7进3
21. 马九进七　车7退5
22. 仕六退五　士6进5
23. 后马进五　马3进4

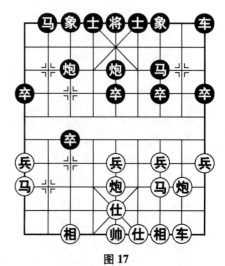

图 17

24. 马五退三？ 车7进3！　　　**25.** 炮五进四　车7平3（图18）

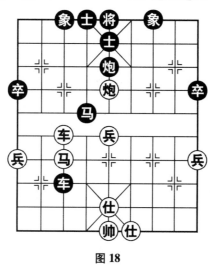

图18

第 10 局　阎文清胜程吉俊

1. 兵七进一　炮2平3　　　**2.** 炮八平五　炮8平5

3. 马八进七　马8进7　　　**4.** 马二进一　车9平8

5. 车一平二　马2进1

6. 仕六进五　车1平2（图19）

7. 马七进六　车8进4

8. 马六进五　马7进5

9. 炮五进四　士4进5

10. 炮二平五　车8平4

11. 车二进九！象7进9

12. 兵一进一　车2进6

13. 马一进二　车2平5

14. 前炮进二　将5进1

15. 车二平四　车4进4？

16. 炮五进五　车5退4

17. 相七进九　炮3平2

18. 车九平八　炮2进6

19. 马二进四　车5平4

20. 相三进五　卒1进1

21. 兵七进一！卒3进1

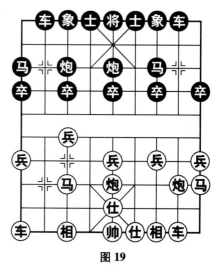

图19

22. 车八平七　炮 2 平 5　　　　23. 仕四进五　象 3 进 5
24. 马四进三　将 5 平 4　　　　25. 车七平八（图 20）

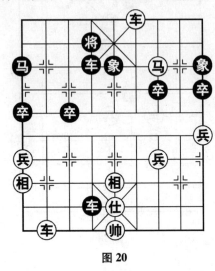

图 20

第 11 局　刘智负柳大华

1. 兵七进一　炮 2 平 3　　　　2. 炮八平五　炮 8 平 5
3. 马八进七　马 8 进 7　　　　4. 车九平八　马 2 进 1
5. 马二进三　车 9 平 8　　　　6. 车一平二　车 8 进 5（图 21）
7. 车八进八　炮 3 退 1
8. 炮五平六?　卒 3 进 1
9. 炮六进五　卒 3 进 1!
10. 炮六平三　车 1 平 2
11. 车八进一　马 1 退 2
12. 马七退九　卒 3 进 1
13. 相三进五　卒 5 进 1!
14. 仕四进五　车 8 退 3
15. 炮三进一　马 2 进 3
16. 炮二进四　卒 3 平 4
17. 兵三进一　卒 4 平 5
18. 马三进四　前卒进 1
19. 马四进三　炮 5 进 1

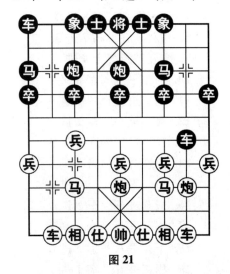

图 21

20. 马三退四　炮 5 平 2 　　　　**21.** 相七进五　卒 5 进 1

22. 马四退三　车 8 平 7 　　　　**23.** 炮三平一　车 7 进 3

24. 炮二进三? 炮 2 进 6 　　　　**25.** 相五退七　车 7 进 2

26. 车二平四　卒 5 平 6! (图 22)

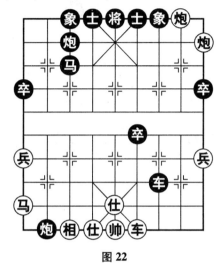

图 22

第 12 局　毛继忠胜孙寿华

1. 兵七进一　炮 2 平 3 　　　　**2.** 炮八平五　炮 8 平 5

3. 马二进三　马 8 进 7

4. 车一平二　卒 3 进 1

5. 马八进九　卒 3 进 1

6. 炮二平一　炮 3 退 1 (图 23)

7. 车九平八　马 2 进 3

8. 兵三进一　马 3 进 4

9. 仕六进五　车 1 进 2

10. 车八进三　车 1 平 3

11. 车八平六　马 4 进 2

12. 车二进五　车 9 进 1

13. 车二平八　卒 3 平 4

14. 车六进一　车 3 进 7

15. 仕五退六　马 2 进 1

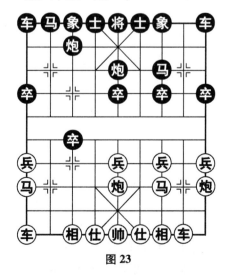

图 23

16. 车八退三！ 马 1 进 2
17. 车八退一　炮 3 进 6？
18. 马三退五！ 炮 5 进 4
19. 车六退一　车 9 平 6
20. 炮一退二！ 炮 5 退 2
21. 车六平五　车 6 进 7
22. 车五进二　象 7 进 5
23. 车五平八　车 6 平 9
24. 马五退七　车 9 进 1
25. 前车平七　炮 3 平 1
26. 车七进四（图 24）

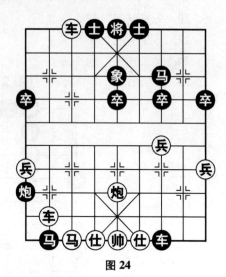

图 24

第 13 局　柳大华负林宏敏

1. 兵七进一　炮 2 平 3　　　2. 炮八平五　炮 8 平 5
3. 马二进三　马 8 进 7　　　4. 车一平二　卒 3 进 1
5. 马八进九　卒 3 进 1　　　6. 车九平八　车 9 进 1
7. 仕六进五　车 9 平 4
8. 炮二进四　马 2 进 1（图 25）
9. 车二进四　卒 3 平 4
10. 车八进四　炮 3 进 3！
11. 车二进一　车 1 进 1
12. 炮五平六　车 4 平 8
13. 相三进五　卒 4 进 1
14. 炮六平七　炮 3 进 4！
15. 相五退七　车 1 平 3
16. 炮七进二　卒 7 进 1
17. 车二平三　车 8 进 2
18. 车三进二　卒 5 进 1

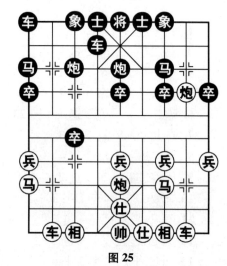

图 25

19. 马九退七？ 卒 5 进 1！
20. 兵五进一　卒 4 进 1　　21. 马七进六　卒 4 进 1
22. 马六退八　车 8 平 4　　23. 马八退六　车 4 进 5

24. 兵五进一　马1进3！　　　25. 炮七进四　马3进2
26. 兵五进一　炮5退1　　　　27. 车三平七　车4退5
28. 车七退三　马2退3　　　　29. 兵三进一　马3进4（图26）

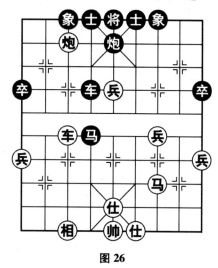

图 26

第 14 局　刘殿中胜付光明

1. 兵七进一　炮2平3　　　　2. 炮八平五　炮8平5
3. 马二进三　马8进7　　　　4. 车一平二　卒3进1
5. 马八进九　卒3进1
6. 车九平八　马2进1
7. 仕六进五　车9平8
8. 炮二进四　卒7进1（图27）
9. 车八进五　炮3进7

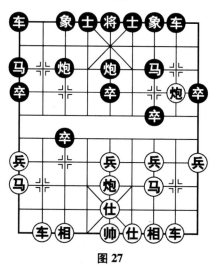

10. 车八平三　车1平2
11. 车三进二　炮3平1
12. 炮五进四　士4进5
13. 帅五平六　车2进9
14. 帅六进一　车2退1
15. 帅六退一　车2退4
16. 炮二平三！车2平4
17. 仕五进六　车4进3

图 27

18. 帅六平五　　车8平9
19. 车二进四！　将5平4
20. 炮三进三　　车9平7
21. 车三进二　　车4进2
22. 帅五进一　　车4退1
23. 帅五进一　　马1进3
24. 车二平七！　车4退5？
25. 炮五退二　　炮5平2
26. 车三退四　　炮2进6
27. 帅五平四　　车4平6
28. 炮五平四　　炮2退6
29. 车三平七（图28）

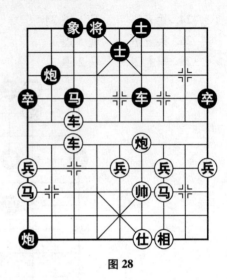

图 28

第 15 局　　徐天红胜吕钦

1. 兵七进一　　炮2平3
2. 炮八平五　　炮8平5
3. 马二进三　　马8进7
4. 车一平二　　卒3进1
5. 马八进九　　卒3进1
6. 车九平八　　车9进1
7. 仕六进五　　马2进1
8. 炮二进四　　车9平4（图29）
9. 车二进五　　车1平2
10. 车八进九　　马1退2
11. 车二平八　　马2进1
12. 车八平七　　炮3进1
13. 车七退一　　士4进5
14. 兵三进一　　车4进3
15. 马九进七　　车4平8
16. 炮二平五　　马7进5
17. 炮五进四　　车8平5
18. 马三进四　　将5平4
19. 相七进五　　卒1进1
20. 车七平八　　炮5平8
21. 马四进六！　象7进5
22. 炮五平四　　将4平5
23. 兵五进一　　车5平6

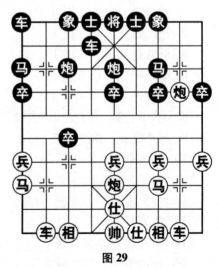

图 29

24. 炮四平五　炮8进1　　　**25.** 炮五退一　炮3进1?

26. 马六进五! 象3进5　　　**27.** 车八进三　车6进2

28. 马七退八　车6平4　　　**29.** 车八平九　将5平4

30. 车九平五（图30）

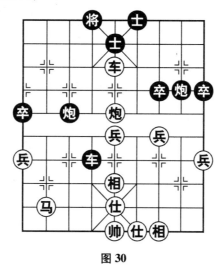

图30

第16局　李鸿嘉负梁军

1. 兵七进一　炮2平3　　　**2.** 炮八平五　炮8平5

3. 马二进三　马8进7

4. 炮二进四　卒3进1

5. 马八进九　卒3进1

6. 车九平八　卒7进1

7. 车一平二　马2进1

8. 车二进四　车9平8（图31）

9. 车二平七　车8进3

10. 车七进三　车8进3

11. 炮五平七　车8平7

12. 相七进五　马7进6

13. 仕六进五　炮5平9

14. 车七退二　马6进4

15. 炮七平六　象3进5

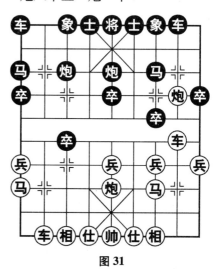

图31

16. 车七平六　马4进6
17. 马九进七　卒7进1!
18. 车六进一　卒5进1
19. 车八进四　车1平3
20. 马七进八　卒1进1
21. 车六平九　象5进3
22. 马八进九　炮9平4!
23. 仕五进四　象3退1
24. 车九进一　炮4平5
25. 仕四退五　士6进5
26. 车八平六　车3平2
27. 帅五平六　车7平8
28. 炮六平七　车2进9
29. 帅六进一　车2平3

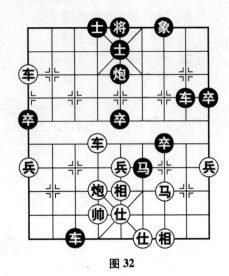

图32

30. 炮七平六　车8退3（图32）

第17局　顾嘉华胜谢卓淼

1. 兵七进一　炮2平3
2. 炮八平五　炮8平5
3. 马二进三　马8进7
4. 车一平二　车9平8
5. 炮二进四　卒7进1
6. 马八进七　马2进1（图33）
7. 马七进六　车1平2
8. 马六进五　马7进5
9. 炮五进四　士4进5
10. 相七进五　车2进4
11. 仕六进五　车2平6
12. 炮五退二　车6平5
13. 车九平六　车5退1
14. 炮二退二　炮5进3
15. 兵五进一　车8进2
16. 车六进五　车8平4?
17. 车六平三　象3进5
18. 车三平八　车5进2
19. 兵三进一　车5退2
20. 车二进三　炮3退1
21. 车二平八　士5退4

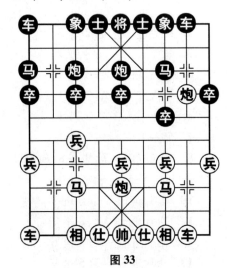

图33

22. 兵三进一！ 卒 1 进 1

23. 前车平四！ 士 4 进 5

24. 马三进四　车 5 平 4

25. 车四平九　炮 3 平 1

26. 车九平五　象 5 进 7

27. 车五平三　士 5 退 4

28. 炮二进五　炮 1 平 5

29. 车八平五　后车平 2

30. 仕五退六（图 34）

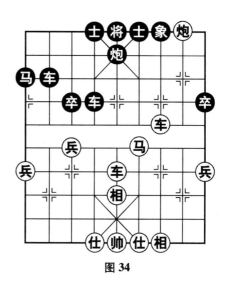

图 34

第 18 局　阎文清胜许波

1. 兵七进一　炮 2 平 3	2. 炮八平五　炮 8 平 5
3. 马二进三　卒 3 进 1	4. 马八进九　卒 3 进 1
5. 车一平二　马 8 进 7	6. 车九平八　车 9 进 1
7. 仕六进五　马 2 进 1	8. 炮二进四　炮 3 退 1
9. 车二进五　马 1 进 3	10. 炮二平五　马 7 进 5（图 35）

11. 炮五进四　炮 3 平 5

12. 炮五进二　车 9 平 5

13. 车二平七　马 3 退 4

14. 车七退一　车 5 平 6

15. 兵三进一　车 6 进 5

16. 马三进四　车 6 平 4

17. 相七进五　车 5 平 1

18. 马九进七　后车平 2

19. 车八平六　马 4 进 6

20. 马四进三　车 2 进 3？

21. 车七进五！ 士 6 进 5

22. 马三进五　象 7 进 5

23. 车七退二　马 6 进 5

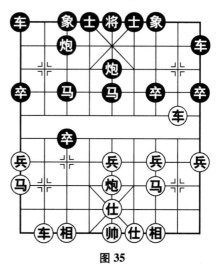

图 35

24. 仕五进四　车2平5
25. 仕四进五　马5退7
26. 兵一进一　车1平2
27. 马七进六　车2平6
28. 车七平八　车6退2?
29. 马六进七!　车5平3
30. 车六进八　车6平3
31. 车六平五（图36）

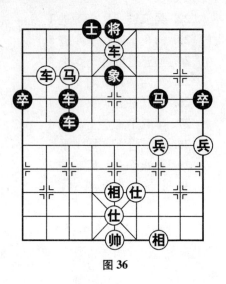

图 36

第 19 局　李国勋胜付光明

1. 兵七进一　炮2平3
2. 炮八平五　炮8平5
3. 马二进三　马8进7
4. 车一平二　卒3进1
5. 炮二进四　卒3进1
6. 马八进九　炮3退1
7. 车九平八　马2进3
8. 兵三进一　车9进1（图37）
9. 车二进五　卒3平4
10. 仕六进五　卒4进1
11. 车八进三　车9平4
12. 车二平四　卒4进1
13. 仕五进六　车4进6
14. 兵三进一　卒7进1
15. 车四平三　马7退9
16. 炮二进二!　车4平3
17. 马三进二　车3进2
18. 帅五进一　车3退5
19. 马二进四!　马9进8
20. 马四进六　车3平7
21. 马六进七　将5进1
22. 马七进九　将5平6
23. 前马退七　炮5平7

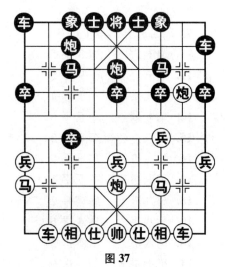

图 37

24. 兵五进一　车7平6
25. 车八平三　车6进4
26. 帅五退一　车6进1
27. 帅五退一　车6退1
28. 帅五退一　车6进1
29. 帅五进一　马8进6
30. 车三进二　马3进4?
31. 兵五进一！（图38）

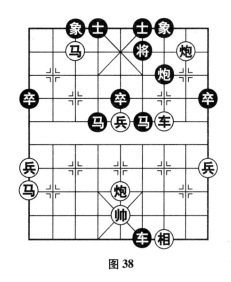

图 38

第20局　李鸿嘉胜项阳红

1. 兵七进一　炮2平3	2. 炮八平五　炮8平5
3. 马二进三　马8进7	4. 车一平二　卒3进1
5. 马八进九　卒3进1	6. 车九平八　马2进1
7. 炮二进四　卒7进1	8. 车二进四　车9平8
9. 车二平七　车8进3	10. 车七进三　车8进3（图39）

11. 炮五平七　车8平7
12. 相七进五　马7进6
13. 仕六进五　士4进5
14. 马九进七　马6进4
15. 炮七平六　马4进6
16. 马七进六　炮5平9?
17. 马六进四！炮9平6
18. 马四退五　车7平8
19. 马五进六　炮6进1
20. 马六进八！车1平2
21. 炮六平八　车2进2
22. 车七平八　卒7进1
23. 前车平三！卒7进1

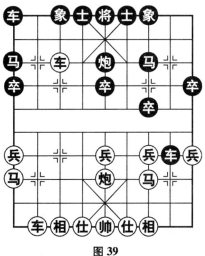

图 39

24. 马三退一　车8平9
25. 车三进二　炮6退1
26. 炮八退一　象3进5
27. 车三退五　马6退7
28. 炮八进六　炮6退1
29. 车八平七　马1退2
30. 车七进九　象5退3
31. 炮八平一！（图40）

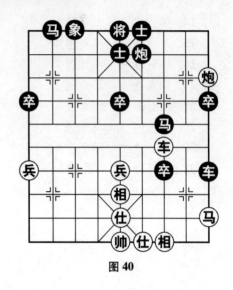

图 40

第 21 局　张强负柳大华

1. 兵七进一　炮2平3
2. 炮八平五　炮8平5
3. 马二进三　马8进7
4. 车一平二　卒3进1
5. 马八进九　卒3进1
6. 车九平八　车9进1
7. 仕六进五　马2进1
8. 炮二进四　炮3退1
9. 兵三进一　车1平2
10. 车二进五　车2进9
11. 马九退八　车9平4（图41）
12. 车二平七？车4进2！
13. 车七进二　士4进5
14. 马三进四　士5进4
15. 车七退二　马1进3
16. 车七平六　车4进1
17. 马四进六　马3进4
18. 马六进八　炮3平4
19. 前马退七　炮5平4
20. 炮二退四　象7进5
21. 马八进七　马4进6！
22. 炮二平四　炮5平9
23. 前马进八　卒7进1

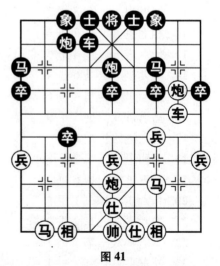

图 41

24. 兵三进一　马6退7
25. 马七进八　前马进8
26. 炮四平二　马7进6
27. 前马进七　马6进4
28. 炮五平六　将5进1
29. 相七进五　卒1进1
30. 炮二平一　炮9平1
31. 马七退八　炮1平2!
32. 前马进六　马8进7（图42）

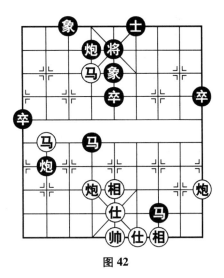

图 42

第22局　郑一泓胜孙浩宇

1. 兵七进一　炮2平3
2. 炮八平五　炮8平5
3. 马八进七　马8进7
4. 马二进一　车9平8
5. 车一平二　马2进1
6. 车九平八　卒3进1（图43）
7. 兵七进一　车8进4
8. 兵七平八　车1平2
9. 兵八进一　车8平3
10. 马七退九　车3进4?
11. 马九进七!　车3进1
12. 车八进四　车3平1
13. 车八平七　炮3进5
14. 炮二平七　车2进3
15. 仕四进五　车2平4
16. 炮七进七　士4进5
17. 炮七平九　马1进3
18. 炮五平八!　将5平4
19. 炮八进四　炮5进4
20. 帅五平四　车4进2
21. 车七平六　马3进4
22. 车二进四　马4退6
23. 车二平七　车1平2

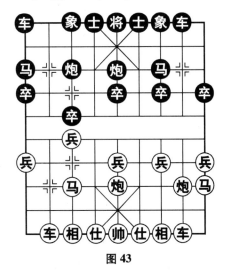

图 43

24. 车七进五　将4进1
25. 车七退一　将4进1
26. 车七退一　将4退1
27. 炮八进一　马6退4
28. 炮八平三　车2退4
29. 炮三进一　士5进4
30. 车七进一　将4退1
31. 车七进一　将4进1
32. 车七平四（图44）

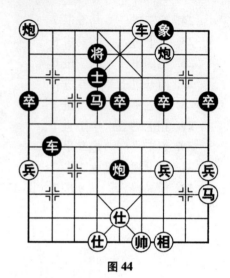

图44

第23局　黄仕清胜付光明

1. 兵七进一　炮2平3
2. 炮八平五　炮8平5
3. 马八进七　马8进7
4. 马二进一　车9平8
5. 车一平二　马2进1
6. 炮二进四　士6进5（图45）
7. 车九平八　卒3进1
8. 马七进六　卒3进1
9. 马六进四　卒7进1
10. 马四进三　炮3平7
11. 车八进六　车1平2
12. 车八平五　车2进6
13. 仕四进五　炮5进4
14. 炮二进一　炮7平5
15. 帅五平四　卒3平4
16. 兵一进一　前炮退1
17. 车五平四　车2平3
18. 车四进二　马1进3

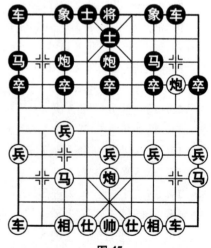

图45

19. 炮二退一！后炮进5？
20. 炮二平五！前炮退4
21. 车二进九　马3退5
22. 车二平三　士5退6
23. 车三退四　车3进3？

24. 车三平五！　车 3 退 6

25. 车四退二　士 4 进 5

26. 车五进一　车 3 进 1

27. 车四退二　卒 1 进 1

28. 马一退三　车 3 进 2

29. 马三进五　车 3 平 5

30. 兵三进一　车 5 平 1

31. 马五进六！　炮 5 进 1

32. 马六退七（图 46）

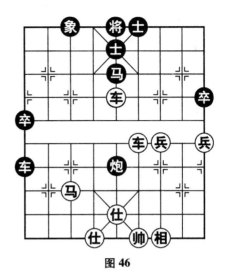

图 46

第 24 局　鲍子波负赵文瑄

1. 兵七进一　炮 2 平 3

2. 炮八平五　炮 8 平 5

3. 马八进七　马 8 进 7

4. 马二进一　车 9 平 8

5. 车一平二　马 2 进 1

6. 车九平八　卒 3 进 1

7. 兵七进一　车 8 进 4

8. 兵七平八　车 1 平 2（图 47）

9. 兵八进一　车 8 平 3

10. 车八进二　卒 1 进 1

11. 相七进九　卒 7 进 1

12. 炮二平三　车 3 平 2

13. 车八进三　马 1 进 2

14. 车二进四　车 2 进 3

15. 车二平八　车 2 平 3！

16. 车八进一　炮 3 进 5

17. 炮三平七　车 3 进 4

18. 车八平三　炮 5 进 4

19. 仕四进五　马 7 退 5！

20. 车三平四　马 5 进 3

21. 车四退二　炮 5 退 2

22. 兵一进一　象 3 进 5

23. 马一进二　炮 5 平 2

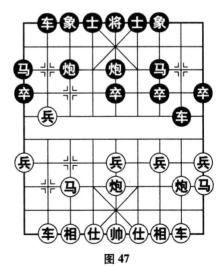

图 47

24. 车四平八　车3平1
25. 马二进四? 车1退1!
26. 车八退一　士6进5
27. 炮五平一　车1平6
28. 马四进六　炮2平5
29. 仕五进四　马3进4
30. 炮一退一　马4进5
31. 相三进五　车6进1
32. 马六进七　将5平6
33. 仕六进五　马5进3!（图48）

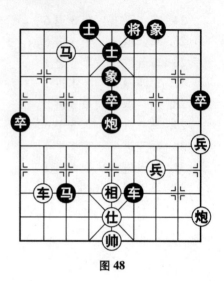

图 48

第 25 局　吕钦胜林宏敏

1. 兵七进一　炮2平3　　　　2. 炮八平五　炮8平5
3. 马二进三　马8进7　　　　4. 车一平二　卒3进1
5. 马八进九　卒3进1　　　　6. 车九平八　马2进1
7. 仕六进五　车9平8
8. 炮二进四　卒7进1（图49）
9. 车八进五　炮3进7
10. 车八平三　炮3退2?
11. 马三退一　马7退9
12. 炮二平九! 车8进9
13. 炮九进三　马1进3
14. 炮五进四　炮5进4
15. 相三进五　炮5退2
16. 车三退一　卒3平4
17. 马九进七　车8退6
18. 炮九退三! 车8退1
19. 马七进六　车8平4
20. 马六进八! 马9进7
21. 车三进二　车4平3
22. 炮五平一　马3退5
23. 车三进一　炮3平1

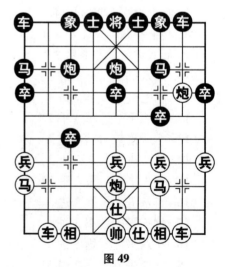

图 49

24. 马八进六！　车3平4
25. 炮九退四　车4平2
26. 炮九平六　卒4进1
27. 炮六退二　卒4进1
28. 炮一平五　士4进5
29. 炮五平三！　士5退4
30. 炮三进三　士6进5
31. 炮三平二　将5平6
32. 马一进二　卒4平5
33. 马二进一（图50）

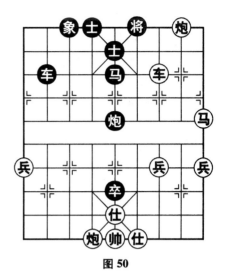

图 50

第 26 局　陈寒峰负胡荣华

1. 兵七进一　炮2平3
2. 炮八平五　炮8平5
3. 马二进三　马8进7
4. 车一平二　卒3进1
5. 马八进九　卒3进1
6. 车九平八　车9进1
7. 仕六进五　车9平4
8. 炮二进四　卒7进1（图51）
9. 车二进四　卒3平4
10. 炮二平三　象7进9
11. 车八进六　马2进1
12. 炮五进四　士4进5
13. 炮五平四　车1平2
14. 车八进三　马1退2
15. 车二平四　炮3进3！
16. 车四进一　车4进2！
17. 相七进五　炮3进2
18. 马三退一　马2进3
19. 马九进七　卒4进1
20. 车四退一　车4退1

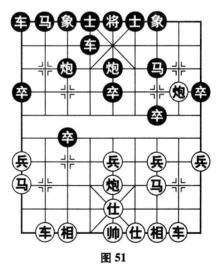

图 51

21. 马七进九　马3进4！
22. 车四进一？车4进1！
23. 炮四平九　车4平1

24. 车四平六　车1平7

25. 车六平七　炮3平1

26. 车七进四　士5退4

27. 马九进七　士6进5

28. 马七退六　车7平2

29. 车七退九　马7进5

30. 马六进七　马5进6

31. 兵五进一　炮1进1

32. 仕五进四　炮1平6!

33. 马七退六　马6进5

34. 仕四进五　马5退4（图52）

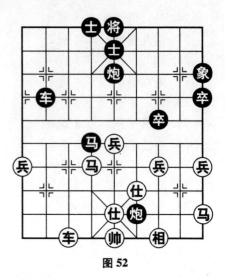

图 52

第 27 局　孙树成胜童本平

1. 兵七进一　炮2平3

2. 炮八平五　炮8平5

3. 马八进七　马8进7

4. 马二进三　车9平8

5. 车一平二　车8进5

6. 炮二平一　车8进4

7. 马三退二　车1进1

8. 车九平八　马2进1（图53）

9. 马二进三　车1平4

10. 车八进五　卒1进1

11. 车八平九　炮5退1

12. 兵三进一　卒3进1

13. 马三进四　象7进5

14. 车九退一　卒3进1

15. 车九平七　马1进2

16. 车七平八!　炮3进7?

17. 仕六进五　马2退1

18. 车八退四　炮3退1

19. 车八进一　炮3进1

20. 炮五平三!　炮5平8

21. 相三进五　车4平6

22. 马四进六　炮8进8

23. 炮三退二　炮3平6

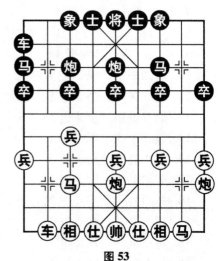

图 53

24. 仕五退四	车6进8
25. 帅五进一	车6平5
26. 帅五平六	车5退2
27. 马六进四	马7退8
28. 炮一进四	车5平3
29. 炮三进六！	车3平6
30. 车八进五	士6进5
31. 马四进三	车6退6
32. 炮一进三！	马8进7
33. 炮三平二	炮8平9
34. 炮一平三（图54）	

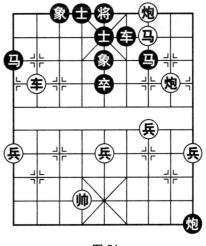

图 54

第28局 阎文清胜付光明

1. 兵七进一	炮2平3	2. 炮八平五	炮8平5
3. 马二进三	马8进7	4. 炮二进四	卒3进1
5. 马八进九	卒3进1		
6. 车九平八	马2进1（图55）		
7. 炮二平五	士6进5		
8. 车一平二	马1进3		
9. 前炮退二	卒3平2		
10. 车二进五	车1平2		
11. 车二平六	卒2进1		
12. 车六进一	马3进1		
13. 仕六进五	卒2进1		
14. 兵九进一	卒2进1？		
15. 车八平九	炮3进5		
16. 车六退四	炮3平5		
17. 相七进五	马1退3		

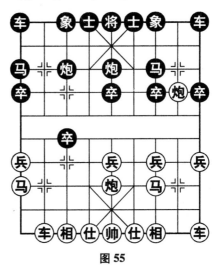

图 55

18. 车六进四	马3进2	19. 车九平六！	将5平6
20. 马九进八	车2进5	21. 前车平三	车9进2
22. 车六平七！	象3进1	23. 兵三进一	车9平8

24. 兵三进一　象7进9
25. 车三平四　将6平5
26. 兵三进一　马7退8
27. 马三进四　车2进1
28. 炮五进二　车2平5
29. 马四进六　车5平2
30. 车七进六　象1进3
31. 车七退一　象9退7
32. 车四进二　车2退3?
33. 马六进五　车8平5
34. 车四平五!（图56）

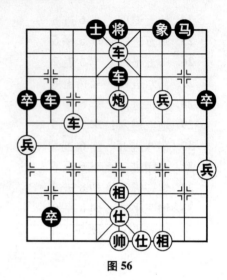

图 56

第 29 局　张强负于幼华

1. 兵七进一　炮2平3
2. 炮八平五　炮8平5
3. 马八进七　马8进7
4. 马二进三　车9平8
5. 车九平八　卒3进1
6. 马七进六　卒3进1（图57）
7. 马六进五　车8进7!
8. 炮五平二　马7进5
9. 相三进五　马5进6
10. 车一平三　车1进1!
11. 兵五进一　车1平8
12. 兵三进一　马6退5
13. 炮二进二　马5进3
14. 仕四进五　卒3进1
15. 车三平四?　马3进2
16. 车四进三　炮3平2
17. 车四平七　炮2进7
18. 车七平八　炮5进5
19. 仕五退四　炮2平1
20. 车八退三　炮5平3
21. 车八平九　炮3退6
22. 相七进五　马2进3
23. 车九平八　马3进5

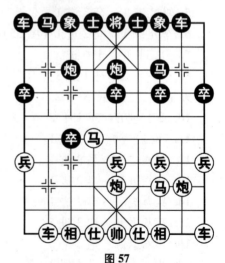

图 57

24. 车八进六　马5进3
25. 车八平三　马3进2
26. 车三平七　马2退4!
27. 车七平六　马4进5
28. 兵五进一?　炮3平7
29. 炮二进二　炮7进6
30. 帅五进一　马5进7
31. 帅五平六　车8平2
32. 车六进三　将5进1
33. 炮二退四　车2进7
34. 帅六进一　马7进5
35. 帅六平五　车2退4!（图58）

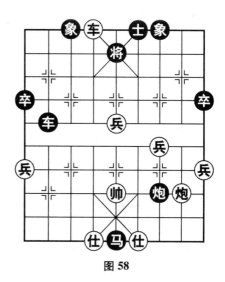

图 58

第30局　刘殿中胜李林

1. 兵七进一　炮2平3
2. 炮八平五　炮8平5
3. 马二进三　马8进7
4. 车一平二　车1进1
5. 马八进七　车1平4
6. 车九平八　马2进1
7. 炮二平一　车9进1
8. 车二进四　车4进5（图59）
9. 车二平六　车4平3
10. 炮五退一!　车3退1
11. 车六平七　炮3进3
12. 相七进五　炮3进1
13. 兵三进一　车9平6
14. 车八进四　炮5平3
15. 马三进四　车6进3
16. 炮一平四　车6平3
17. 车八进三　车3平8
18. 炮五平三　卒1进1
19. 炮三进五　象7进5
20. 炮三平七　车8平3?

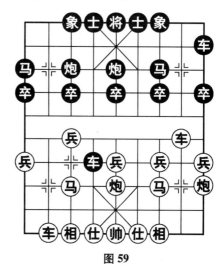

图 59

21. 炮七退三　炮3进4
22. 马四进三　马1进2
23. 马三进五!　象3进5

24. 车八平五　马7退5
25. 炮四进五　车3平8
26. 炮四平三　车8退4
27. 车五退一　马2进4
28. 车五退二　马4进2
29. 仕六进五　炮3退4
30. 马七进八　车8平7
31. 炮三平二　车7进2
32. 炮二进二　车7退2
33. 马八进六!　炮3平4
34. 马六进五　炮4退1
35. 炮二退三（图60）

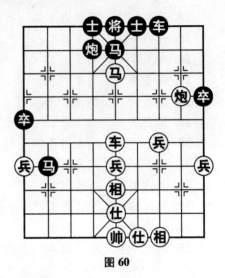

图60

第31局　陈泓盛胜郝继超

1. 兵七进一　炮2平3
2. 炮八平五　炮8平5
3. 马二进三　马8进7
4. 车一平二　卒3进1
5. 马八进九　卒3进1
6. 车九平八　马2进1
7. 炮二进四　卒7进1
8. 车二进四　车9平8
9. 车二平七　车8进3
10. 车七进三　车8进3（图61）

11. 车八进八　士4进5
12. 马九进七　车8平7
13. 马七进六!　车7进1
14. 车八平六　车7退2
15. 马六进四　车7平6
16. 马四进三　车6退4
17. 车七平五　车6平7
18. 车五平七　卒1进1
19. 兵五进一!　车1平2
20. 兵五进一　马1进2
21. 车七退一　车7平6
22. 兵五进一　车6进3
23. 兵五平四　车6平5

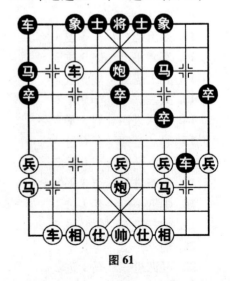

图61

24. 兵四进一　象 3 进 1
25. 车六退三　车 5 进 1
26. 车七退二　车 5 进 1
27. 炮五退一　马 7 进 6
28. 兵四进一　马 6 退 5
29. 车六平三　将 5 平 4
30. 车三进四！车 5 平 4
31. 炮五平二　车 4 进 3
32. 帅五进一　车 2 进 1
33. 车七进五　将 4 进 1
34. 兵四平五　士 6 进 5
35. 炮二进七（图 62）

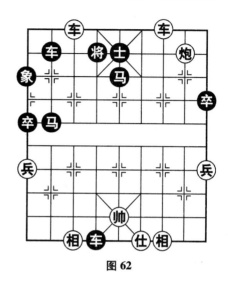

图 62

第 32 局　李鸿嘉胜李轩

1. 兵七进一　炮 2 平 3
2. 炮八平五　炮 8 平 5
3. 马二进三　马 8 进 7
4. 车一平二　卒 3 进 1
5. 马八进九　卒 3 进 1
6. 炮二平一　车 9 平 8
7. 车二进九　马 7 退 8
8. 车九平八　马 2 进 1（图 63）
9. 炮五进四　士 4 进 5
10. 相七进五　马 8 进 7
11. 炮五平一　卒 7 进 1
12. 仕六进五　马 7 进 5
13. 兵三进一　马 5 进 4
14. 兵五进一！卒 7 进 1
15. 车八进五　卒 7 进 1
16. 车八平三　卒 7 进 1
17. 车三进四　士 5 进 4
18. 车三退七　炮 5 平 9
19. 后炮平二！车 1 平 2
20. 炮二进七　士 6 进 5

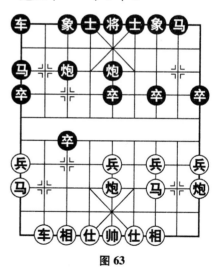

图 63

21. 车三进七　士 5 退 6
22. 相五进七　车 2 进 1
23. 车三退五　士 6 进 5

24. 兵五进一　马4进3
25. 炮一平二　炮9平7
26. 前炮平一　士5退4
27. 炮二进三　将5进1
28. 车三平一　车2进3
29. 车一进四　将5进1
30. 车一平三!　炮7平9
31. 炮一退一　士4退5
32. 兵五进一　将5平4
33. 车三退四　马3退5
34. 车三平五　马5退3?
35. 车五平六（图64）

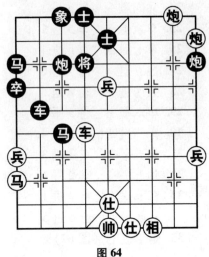

图64

第33局　谢侠逊负黄松轩

1. 兵七进一　炮2平3
2. 炮八平五　炮8平5
3. 马八进七　马8进7
4. 马二进一　车9平8
5. 车一平二　马2进1
6. 车九平八　卒3进1
7. 兵七进一　车8进4
8. 仕六进五　车8平3（图65）
9. 马七进六?　车1平2!
10. 车八平九　车3平4
11. 马六退七　马1进3
12. 车九进二　车2进8
13. 炮二退一　车2退2
14. 炮二进五　车2平3
15. 车二进四?　车3进1
16. 车九平七　炮3进5
17. 车二平七　炮3平9
18. 车七进二　炮9进2
19. 炮二平五　马7进5
20. 炮五进四　炮5进4!
21. 相七进五　车4平5
22. 炮五平九　象7进5
23. 车七退三　卒7进1

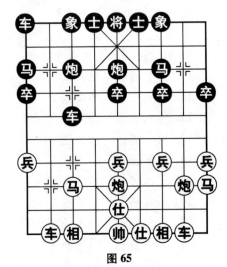

图65

24. 兵一进一　炮9退3
25. 兵九进一　卒7进1
26. 车七平六　卒7进1!
27. 帅五平六　士6进5
28. 车六进三　炮9进3
29. 车六平三　车5平4
30. 帅六平五　车4平6
31. 帅五平六　卒7平6
32. 炮九平五　将5平6
33. 炮五平一　炮9平6
34. 车三平二　炮6退1
35. 车二进三　将6进1
36. 车二退八　卒6进1（图66）

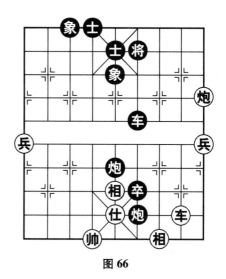

图 66

第 34 局　苗利明胜庄玉庭

1. 兵七进一　炮2平3
2. 炮八平五　炮8平5
3. 马二进三　马8进7
4. 车一平二　车9进1
5. 马八进七　车9平4
6. 炮二进四　马2进1
7. 车二进四　车1平2
8. 仕六进五　士4进5（图67）
9. 相七进九　卒1进1
10. 马七进六　车4进3
11. 炮五平六　车4平5
12. 车九平七　车2进7
13. 炮六平五　车5平4
14. 炮五平六　车4平5
15. 车七进二　车2平3
16. 马六退七　马1进2
17. 炮六平五　车5平4
18. 兵三进一　马2进3
19. 马三进四　车4平6
20. 兵三进一!　车6平7
21. 车二进一　车7进5?
22. 炮五平三!　炮5平4
23. 兵七进一　炮3进2

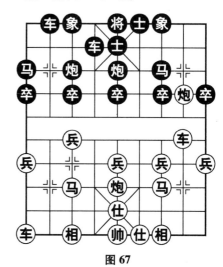

图 67

24. 炮三进五　车7平9
25. 炮二平五　将5平4
26. 相九进七　车9退2
27. 马四退五　车9退1
28. 马五进七　炮3进2
29. 车二平六　车9进1
30. 相七退五　车9退2
31. 炮五退二　车9平6
32. 车六退二　炮3退2
33. 车六进三　炮3平8
34. 马七进八　炮8进5
35. 相五退三　车6进1
36. 马八进七（图68）

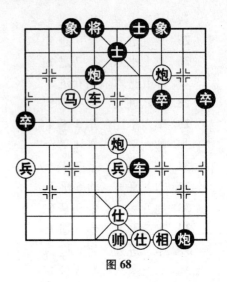

图68

第35局　谢靖负徐超

1. 兵七进一　炮2平3
2. 炮八平五　炮8平5
3. 马二进三　马8进7
4. 炮二进四　卒3进1
5. 马八进九　卒3进1
6. 车九平八　马2进1
7. 车一平二　卒7进1
8. 仕六进五　车1平2
9. 车八进九　马1退2
10. 炮二平三　炮3退1！（图69）
11. 车二进四　马2进3
12. 兵三进一　卒7进1
13. 车二平三　车9平8
14. 马三进二　马7退5
15. 炮五平二　炮5平7
16. 炮二进七　炮7进3
17. 相七进五　炮7进1
18. 兵九进一　马3进4
19. 马二进四　炮7退2
20. 相五进七　炮3进3
21. 马四退六　马4进6
22. 炮三平二　马5进7
23. 前炮退一　炮7进1

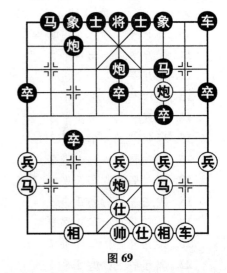

图69

24. 后炮退二　炮7平4
25. 后炮平六　马7进6
26. 炮六平五　士4进5
27. 马九进八　后马进4
28. 马八进九　炮3平5！
29. 炮二退四　炮5进2
30. 相三进五　马4进3
31. 马九退八　炮5平2！
32. 炮二退二？马3退4
33. 兵一进一　卒5进1
34. 炮五退一　马4进6
35. 炮二进四　炮2平4
36. 相七退九　前马进7
37. 帅五平六　炮4退3（图70）

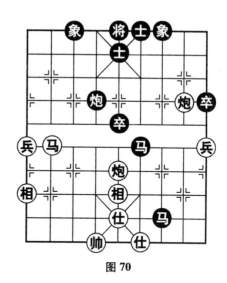

图 70

第 36 局　阮黄林负陶汉明

1. 兵七进一　炮2平3
2. 炮八平五　炮8平5
3. 马八进七　马8进7
4. 马二进一　车9平8
5. 车一平二　马2进1
6. 车九平八　卒3进1
7. 马七进六　车8进4
8. 兵七进一　车8平3（图71）
9. 相七进九　炮5进4
10. 仕四进五　车1平2
11. 车八进九　马1退2
12. 炮二平三　象3进5
13. 兵三进一　卒5进1
14. 帅五平四　车3平4
15. 马六进四　炮5平2！
16. 炮三进四　炮2进3
17. 相九退七　士4进5
18. 车二进三　炮2退5
19. 车二平四　马7退9
20. 炮五平三　卒5进1
21. 兵三进一　马2进4

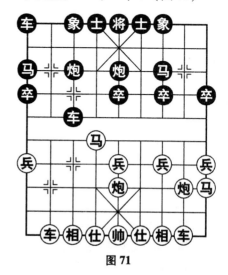

图 71

22. 马一进三　马4进5
23. 前炮平四　马5进3
24. 相三进五　马3进4!
25. 车四退二　车4平5
26. 车四进二　车5平4
27. 车四退二　炮3进2
28. 仕五进六　卒5平4
29. 炮三平二　炮2进2
30. 马三进二　车4平5
31. 炮四平三　象5进7!
32. 马四进三　象7退5
33. 炮三平五　将5平4
34. 炮五进二?　士6进5
35. 马三进五　将4进1
37. 马五退三　车5进2（图72）

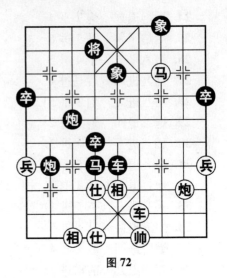

图 72

36. 马二进三　马9进7

第 37 局　杨官璘胜黄勇

1. 兵七进一　炮2平3
2. 炮八平五　炮8平5
3. 马八进七　马8进7
4. 炮二平四　车9平8
5. 马二进三　马2进1
6. 车九平八　车1进1（图73）
7. 车八进五　车1平6
8. 仕六进五　车6进4
9. 相七进九　士6进5
10. 兵一进一　炮5平4
11. 兵一进一　卒9进1
12. 车八平一　象3进5
13. 后车进四　车6平9
14. 车一退一　车8进4
15. 马七进六　炮4进2
16. 兵三进一　炮3平4
17. 马六退七　前炮平5?
18. 马三进四!　炮5进3
19. 相三进五　卒1进1

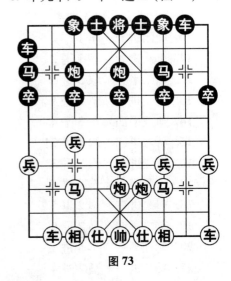

图 73

20. 马四进三 马1进2　　　21. 车一进五 士5退6

22. 车一退六 卒3进1　　　23. 兵五进一! 卒3进1

24. 相九进七 炮4进1　　　25. 炮四平三 炮4平7

26. 炮三进四 马7退5

27. 车一平五 马5进3

28. 炮三平一 车8平9

29. 炮一平二 车9平8

30. 炮二平一 士4进5

31. 炮一退五 马3进4

32. 车五平四 卒5进1

33. 车四平八 马4退3

34. 兵五进一 车8平5

35. 仕五进四 马2退4

36. 炮一平九 马4退6

37. 车八进四 马3进5?

38. 炮九平五! (图74)

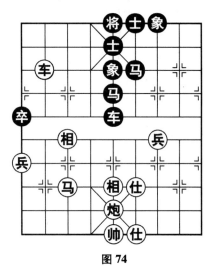

图 74

第38局　刘美松负许银川

1. 兵七进一 炮2平3　　　2. 炮八平五 炮8平5

3. 马二进三 马8进7　　　4. 车一平二 卒3进1

5. 马八进九 卒3进1

6. 车九平八 车9进1

7. 仕六进五 马2进1

8. 炮二进四 车9平4 (图75)

9. 车二进五 车4进2

10. 兵三进一 车1进1

11. 兵三进一 车4进1

12. 马三进四 车4平7

13. 车二平三 卒7进1

14. 车八进五 车1平6

15. 马四进六 车6平3

16. 马六进八 炮3平2!

17. 车八平三 士4进5

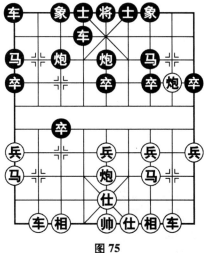

图 75

18. 炮五平三　炮5进4
19. 相三进五　象3进5
20. 炮二平三　马7退8
21. 车三退二　炮5退2
22. 车三平二　马8进9
23. 前炮平四　卒3平4!
24. 马九进七　车3进1!
25. 炮四进二?　士5进6
26. 车二平三　车3进1
27. 炮三进七　将5进1
28. 炮四平二　象5退7
29. 炮二退二　车3进1
30. 相七进九　马1退2
31. 马七进六　将5平4
32. 车三进一　炮5进1!
33. 车三进五　马2进3
34. 马六进七　车3退2
35. 车三退四　卒5进1
36. 车三平五　车3进1
37. 车五平六　将4平5
38. 车六退一　炮5退3（图76）

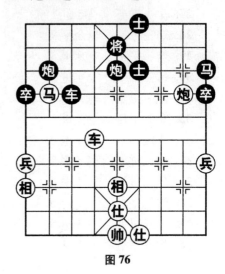

图76

第 39 局　李鸿嘉胜苗利明

1. 兵七进一　炮2平3
2. 炮八平五　炮8平5
3. 马二进三　马8进7
4. 车一平二　卒3进1
5. 马八进九　卒3进1
6. 车九平八　马2进1
7. 炮二进四　卒7进1
8. 车二进四　车9平8
9. 车二平七　车8进3
10. 车七进三　士4进5（图77）
11. 车八进五　炮5平6
12. 车七退三　象3进5
13. 兵三进一　车8进3
14. 炮五进四　炮6进1
15. 炮五退二　炮6平5

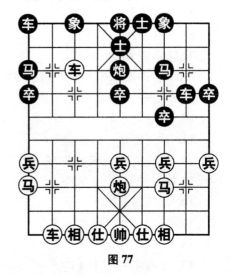

图77

16. 兵三进一 车8平7	17. 兵三进一 车7退3
18. 马三进四 车7进6?	19. 车八进一! 炮5平3
20. 车八平九! 车1平4	21. 车九进一 炮3平8
22. 车七平九 炮8进6	23. 前车进二 车7退1
24. 仕四进五 车7进1	25. 仕五退四 车7退1
26. 仕四进五 车7进1	27. 仕五退四 马7进6

28. 马九进七! 车7退4
29. 仕四进五 车7平6
30. 马七进六 车6平7
31. 马六进七 车7进4
32. 仕五退四 车7退6
33. 仕四进五 车7平4
34. 马七进六 车4退3
35. 前车平六 将5平4
36. 车九进一 马6进5
37. 车九平二 炮8平9
38. 相七进五 卒9进1
39. 车二平六 将4平5
40. 仕五进四 （图78）

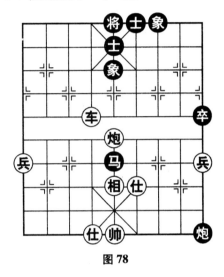

图 78

第 40 局 阎文清负徐天红

1. 兵七进一 炮2平3
2. 炮八平五 炮8平5
3. 马二进三 马8进7
4. 车一平二 卒3进1
5. 马八进九 卒3进1
6. 炮二进四 卒7进1
7. 车二进四 车9平8
8. 车九平八 马2进1
9. 车二平七 车8进3
10. 车七进三 车8进3（图79）
11. 马九进七 车8平7
12. 车八进八 车7进1

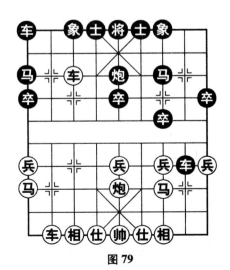

图 79

13. 马七进六	士6进5	**14.** 车八平六	马7进6
15. 仕六进五	炮5平6	**16.** 马六进四	象7进5
17. 车七退三	车7退2	**18.** 兵五进一	车7平6!
19. 帅五平六	马6进4	**20.** 车六退四	车6退2
21. 车六进二	炮6平7	**22.** 相三进一	车1进1
23. 炮五平七	炮7进1!	**24.** 兵五进一	车6进2
25. 车七平四	炮7平4	**26.** 兵五进一	炮4平2

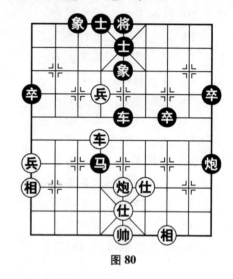

图80

27. 炮七平五	马1进3
28. 车四平七	车1平4
29. 炮五平六	马3进5
30. 车七平八	炮2平3
31. 车八平五	车4进3
32. 帅六平五	车4平3
33. 相七进九	炮3平2
34. 兵五平六	炮2进4
35. 仕五进四	炮2退1
36. 炮六平五	马5进3!
37. 仕四进五	马3进2
38. 车五平二	车3平5
39. 相一退三	马2退4
40. 车二平六	炮2平9!（图80）

第41局　郑一泓胜李家华

1. 兵七进一	炮2平3	**2.** 炮八平五	炮8平5
3. 马二进三	马8进7	**4.** 车一平二	卒3进1
5. 马八进九	卒3进1	**6.** 车九平八	车9进1
7. 仕六进五	马2进1	**8.** 炮二进四	车9平4
9. 车二进五	车4进2	**10.** 兵三进一	车1进1
11. 兵三进一	卒7进1	**12.** 车二平三	车4进2（图81）
13. 车八进五	车1平8?	**14.** 炮二平三!	士6进5
15. 炮三进三	车8进1	**16.** 炮三平一	炮3退1
17. 车三进一	士5进4	**18.** 车八平三!	炮3平7
19. 前车进一	炮7进3	**20.** 车三进二	将5进1

21. 车三退四 炮5平7	22. 炮一平七 马1进3
23. 相三进一 马3进5	24. 兵五进一! 车4平5
25. 马三进四 车5平6	26. 车三平五 将5平6
27. 车五进一 车8进6	28. 炮五平四 炮7平6
29. 炮四进五 将6进1	30. 马九退七 车8退4
31. 马七进五 车6进1	32. 车五平七 卒3平2
33. 马五进六 车6退1	34. 车七平六 士4退5
35. 炮七退七 车8平5	36. 帅五平六 卒2平3
37. 马六进七 将6退1	38. 炮七平四! 士5进6
39. 车六进一 车5进1	40. 车六平四 将6平5
41. 炮四平五（图82）	

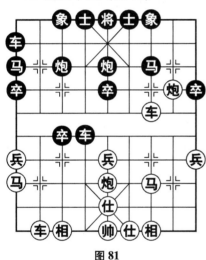

图 81

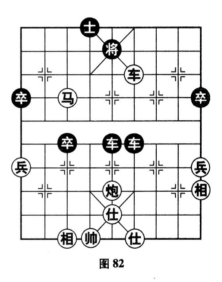

图 82

第42局 李雪松负张强

1. 兵七进一 炮2平3	2. 炮八平五 炮8平5
3. 马二进三 马8进7	4. 车一平二 卒3进1
5. 马八进九 卒3进1	6. 车九平八 马2进1
7. 炮二进四 卒7进1	8. 车二进四 车9平8
9. 车二平七 车8进3	10. 车七进三 车8进3
11. 车八进八 士4进5	12. 马九进七 炮5平6（图83）
13. 马七进八 象3进5	14. 车七退五 卒1进1

15. 马八退六　车1平4

16. 马六进五　马7进6

17. 兵五进一　车8平7

18. 兵五进一　车7进1

19. 兵五平四　车7进2

20. 仕六进五　炮6平8!

21. 马五进三?　炮8进7

22. 仕五退六　车7退3

23. 仕四进五　车7进3

24. 仕五退四　炮8平6

25. 炮五进四　炮6退4

26. 帅五进一　车7退1

27. 帅五退一　车7进1

28. 帅五进一　车7平4

29. 车七退一　前车退3

30. 兵四进一　炮6平5

31. 兵四平三　前车平5

32. 帅五平四　车5平6

33. 帅四平五　车6平5

34. 帅五平四　炮5平7!

35. 炮五进二　车5平8

36. 炮五平一　车4进7!

37. 帅四平五　车8进2

38. 帅五退一　车8平3

39. 车八平四　车3进1

40. 帅五进一　车3退1

41. 帅五退一　将5平4

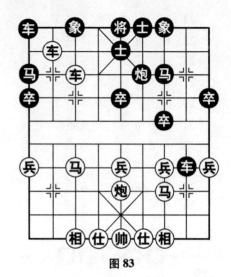

图 83

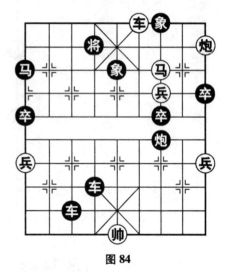

图 84

42. 车四进一　将4进1（图84）

第43局　刘宗泽胜蒋川

1. 兵七进一　炮2平3

2. 炮八平五　炮8平5

3. 马二进三　马8进7

4. 车一平二　卒3进1

5. 马八进九　卒3进1

6. 车九平八　车9进1

7. 仕六进五　车9平4

8. 炮二进四　卒7进1

9. 炮二平三　象7进9
10. 车二进四　卒3平4（图85）
11. 炮五平六　卒4平5
12. 马九进七　炮3进3
13. 车二进二　马2进3
14. 马七进五　卒5进1
15. 马五进三　士4进5
16. 车八进六　马3进4
17. 车八平七　马4进5
18. 炮三平六　车4平2
19. 相三进五　炮3平2
20. 后马进五　炮5进4
21. 马三进二！炮2进4
22. 后炮退二　炮2平4

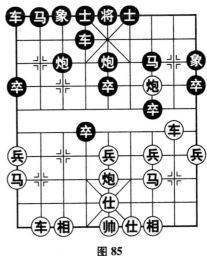

图 85

24. 车七进一！马7退5
26. 车六退一？象3进5
28. 车六退三　炮5退1
30. 马四退三　车6进3
31. 车一平六　士4进5
32. 马三进二　车6平7
33. 兵三进一　车7退2
34. 后车进二　车7平8
35. 兵一进一　炮5平2
36. 后车平五　车1平4
37. 车六进三　士5退4
38. 车五进一　卒1进1
39. 车五平八　炮2进4
40. 相七进九　炮2平1
41. 相九进七　士6进5
42. 兵一进一（图86）

23. 帅五平六　士5退4？
25. 车七平六　马5进4
27. 车二平一　象9退7
29. 马二退四！车2平6

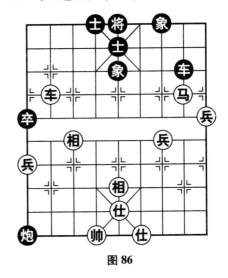

图 86

第 44 局　邬正伟负李艾东

1. 兵七进一　炮2平3
2. 炮八平五　炮8平5

3. 马二进三　马8进7

4. 车一平二　卒3进1

5. 马八进九　卒3进1

6. 车九平八　马2进1（图87）

7. 仕六进五　车1平2

8. 炮二进四　车2进9

9. 马九退八　车9平8

10. 炮二平五　士4进5

11. 车二进九　马7退8

12. 兵三进一　马8进7

13. 马三进四　马7进5

14. 炮五进四　将5平4

15. 炮五平一　炮3进7!

16. 马四进六　炮3退3

18. 炮一平七　炮5平7

20. 炮七平六　将4平5

22. 炮六进二?　炮9退3!

24. 炮六平一　卒1进1

26. 马七进八　炮4平2!

28. 炮一进三　象5进3

30. 仕六退五　炮2平9

31. 相一退三　马3退5!

32. 炮一平二　炮9平8

33. 炮二平一　马5进7

34. 兵五进一　卒1进1

35. 炮一退八　马9进8

36. 相三进五　马8退6

37. 帅五平六　炮8平4

38. 马六进四　炮4退1

39. 仕五进四　马6进4

40. 炮一平六　马4退5

41. 炮六平三　马5进4

42. 炮三平六　马4进2

43. 帅六平五　象3退5（图88）

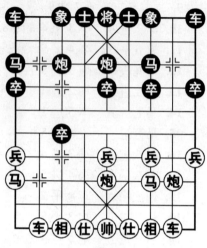

图 87

17. 炮一退二　炮3平9

19. 相三进一　象3进5

21. 马六进四　炮7平6

23. 马四进六　炮6平4

25. 马八进七　马1进2

27. 马八进六　马2进1

29. 仕五进六　马1退3

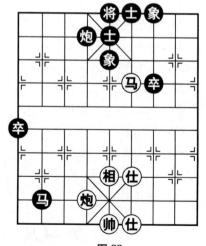

图 88

第 45 局 张强胜林宏敏

1. 兵七进一　炮 2 平 3
2. 炮八平五　炮 8 平 5
3. 马八进七　马 8 进 7
4. 马二进三　车 9 平 8
5. 车九平八　马 2 进 1
6. 车一平二　车 8 进 5（图 89）

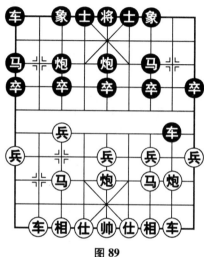

图 89

7. 车八进八　士 4 进 5
8. 兵三进一　车 8 平 7
9. 车八平六！车 7 进 2？
10. 炮二进七！炮 3 进 3
11. 炮二平一　炮 3 平 7
12. 车二进八　卒 3 进 1
13. 炮五进四！车 7 平 6
14. 仕六进五　马 1 进 3
15. 车六平五　马 7 退 5
16. 仕五进四　将 5 平 4
17. 车二平五！卒 3 进 1
18. 相三进五　卒 3 进 1

19. 车五进一　将 4 进 1
21. 车四退一　炮 5 退 1
23. 炮一退一　炮 5 进 1

20. 车五平四　炮 7 平 4
22. 车四退三　车 1 进 2
24. 车四进三　将 4 退 1
25. 车四平七　卒 3 进 1
26. 炮一进一　象 7 进 9
27. 炮五平四　炮 5 平 6
28. 车七进一　将 4 进 1
29. 车七退一　将 4 退 1
30. 车七退二　车 1 平 4
31. 车七退四　炮 4 平 2
32. 车七进七　将 4 进 1
33. 车七退一　将 4 退 1
34. 炮四平一　炮 2 进 4
35. 相七进九　车 4 平 5
36. 后炮平二　炮 6 平 8

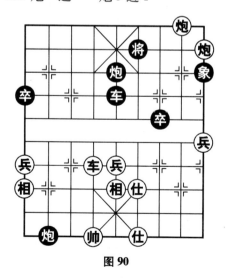

图 90

37. 车七退五　卒7进1	38. 兵一进一　车5进1
39. 炮二退二　炮8平5	40. 车七平六　将4平5
41. 炮二进五　将5进1	42. 帅五平六　将5平6
43. 炮一退一！（图90）	

第46局　吕钦胜李来群

1. 兵七进一　炮2平3	2. 炮八平五　炮8平5
3. 马二进三　马8进7	4. 车一平二　卒3进1
5. 马八进九　卒3进1	6. 车九平八　车9进1
7. 炮二平一　车9平4	
8. 车二进五　车4进4（图91）	
9. 仕六进五　炮5退1	
10. 炮五平七　卒7进1	
11. 车二平三　象7进5	
12. 车三平八　炮3进5	
13. 炮一平七　马2进1	
14. 相七进五　炮5平7	
15. 兵三进一　车1进1	
16. 前车进二　车4进1？	
17. 炮七进七！象5退3	
18. 前车平三　马1进3	
19. 车八平六　车4进3	

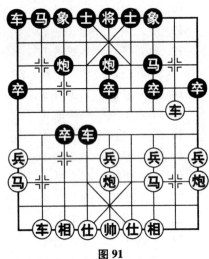

图91

20. 仕五退六　卒3平2	21. 马九进七　马3进4
22. 马七进六　马4进2	23. 仕四进五　卒5进1
24. 仕五进四　马2进4	25. 帅五平四　车1平4
26. 仕六进五　卒2进1	27. 马六进七　炮7平9
28. 车三平一　卒2平3	29. 马三进四　卒3平4
30. 相五退七　车4平3	31. 马四进三　炮9平3
32. 马三退五　士4进5	33. 马七退九　车2进8
34. 车一平七！车2平3	35. 帅四进一　炮3平4
36. 马九进八　士5退4	37. 马五进四　炮4平6
38. 马八退六！将5进1	39. 马六进四　将5平6
40. 马四进二　卒4平5	41. 车七进一　士6进5

42. 车七退二　卒 5 进 1　　　　　　**43.** 车七平三！车 3 平 6

44. 帅四退一（图 92）

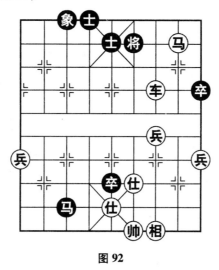

图 92

第 47 局　陈孝坤负姜毅之

1. 兵七进一　炮 2 平 3　　　　　　**2.** 炮八平五　炮 8 平 5

3. 马二进三　马 8 进 7　　　　　　**4.** 炮二进四　车 9 进 1

5. 车一平二　车 9 平 4　　　　　　**6.** 车二进四　马 2 进 1

7. 马八进七　车 1 平 2

8. 马七进六　车 4 进 3（图 93）

9. 相七进九　车 2 进 8

10. 仕六进五　卒 1 进 1

11. 炮五平六　车 4 平 5

12. 马六进五　炮 3 平 4

13. 炮六平五　车 5 平 4

14. 车九平七　士 4 进 5

15. 兵七进一　卒 3 进 1

16. 马五退七？炮 5 进 5

17. 相三进五　炮 4 平 5

18. 车二平五　车 2 退 4！

19. 马七进八　车 2 退 2

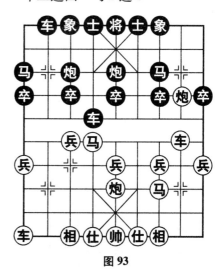

图 93

20. 车七进九　车4退4　　21. 车七平六　将5平4

22. 相九退七　车2进2　　23. 炮二退二　卒7进1

24. 车五平七　车2平4　　25. 兵三进一　卒7进1

26. 炮二进四　士5进6　　27. 车七平三　马1进3

28. 车三平七　马3进5　　29. 车七进五　将4进1

30. 车七退一　将4退1　　31. 炮二平四　马7进8

32. 车七退一　炮5退2!　　33. 车七退四　马8进7

34. 马三退二　车4进4

35. 马二进四　马7进5

36. 仕五进六　前马进7

37. 仕四进五　马5退4

38. 帅五平四　士6进5

39. 炮四平三　炮5平6

40. 炮三退六　车4平2

41. 炮三平四　炮6进7

42. 仕五进四　车2退5

43. 兵五进一　车2平8!

44. 帅四平五　车8进6

45. 帅五进一　车8退3（图94）

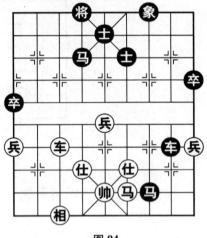

图94

第48局　洪智负吕钦

1. 兵七进一　炮2平3

2. 炮八平五　炮8平5

3. 马二进三　马8进7

4. 车一平二　卒3进1

5. 马八进九　卒3进1

6. 车九平八　马2进1

7. 炮二平一　车1平2

8. 车八进九　马1退2（图95）

9. 车二进四　炮3进7

10. 仕六进五　炮3退2

11. 仕五进六　炮3平5

12. 炮一平五　马2进3

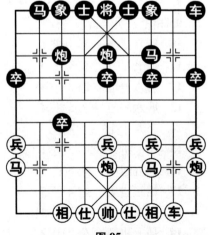

图95

13. 车二平七　马3进4！

14. 车七平六　马4退2

15. 车六平三　炮5平1

16. 车三平八　马2退4

17. 马九进七　车9进1

18. 车八进三　士6进5

19. 马七进八　炮1退1

20. 兵五进一　象7进5

21. 马三进五　车9平6

22. 马五进七　车6进5

23. 仕六退五？马4进3

24. 车八进一　车6平2！

25. 炮五平七　炮1进1

26. 相三进五　炮1平4

27. 车八进一　马3进5

28. 马七进八　将5平6

29. 前马进六　士5进4

30. 炮七退二　马5进7

31. 相五退三　卒7进1

32. 炮七平六　后马进8

33. 马八进七　车2退6

34. 马七进八　马7退5

35. 马八退七　马5退3！

36. 炮六平九　马8进9

37. 马七退八　马9退7

38. 炮九进六　卒9进1

39. 炮九平六　马7进8

40. 相三进五　马8退6

41. 相五进七　士4退5

42. 炮六退一　卒9进1

43. 兵九进一　卒5进1

44. 马八退七　马3退2

45. 相七退五　卒7进1（图96）

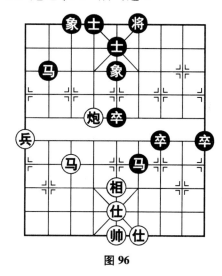

图96

第49局　金松胜张强

1. 兵七进一　炮2平3

2. 炮八平五　炮8平5

3. 马八进七　马8进7

4. 马二进一　车9平8

5. 车一平二　马2进1

6. 炮二进四　卒7进1

7. 车九平八　车1平2

8. 车八进九　马1退2（图97）

9. 炮二平七！炮3进3

10. 车二进九　马7退8

11. 炮五进四　士4进5

12. 马七进六　马2进3

13. 相七进五　马3进5

14. 马六进五　炮3进4？

15. 仕六进五　炮5进4

16. 兵一进一！象3进5

17. 马一进二　炮3平1

18. 帅五平六　炮5平2

19. 马二进四　炮2进3

20. 帅六进一　炮2退8

21. 炮七平一　马8进9

22. 马五退六　马9进7

23. 马六进七　炮2进1

24. 兵一进一　马7进9

25. 马四进五！象7进5

26. 马七进五　士5进4

27. 炮一平五　士6进5

28. 马五退三　将5平4

29. 马三退一　炮2平1

30. 马一退二　后炮进4

31. 马二进三　前炮平2

33. 炮五退一　卒1进1

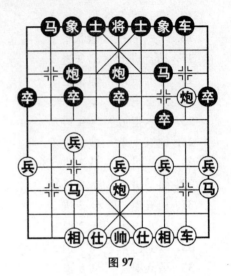

图97

32. 马三退五　卒1进1

34. 马五进七　炮2平1

35. 兵三进一　卒1平2

36. 仕五进六　后炮进2

37. 兵三进一　卒2平1

38. 兵三进一　卒1进1

39. 帅六平五　前炮平4

40. 相五退七！士5进6

41. 相三进五　士4退5

42. 兵三平四　将4进1

43. 帅五平六！炮1进1

44. 兵四平五　将4退1

45. 兵五平六　炮1平2

46. 相七进九！（图98）

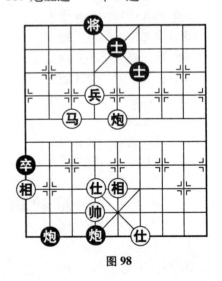

图98

第50局　崔岩胜廖二平

1. 兵七进一　炮2平3

2. 炮八平五　炮8平5

3. 马二进三　马8进7

4. 车一平二　卒3进1

5. 马八进九　卒3进1

6. 车九平八　车9进1

7. 仕六进五　炮 3 进 2

8. 炮二进四　车 9 平 4（图 99）

9. 车二进四　卒 3 平 4

10. 炮五平六　卒 4 平 5

11. 兵五进一　马 2 进 1

12. 车八进五　炮 3 平 7

13. 相三进五　车 1 平 2

14. 车八平七　车 2 进 6

15. 车二平三　车 4 平 3

16. 车七平六　马 1 进 3

17. 车六平七　马 3 退 1

18. 车七进三　马 1 退 3

19. 炮六进五　炮 5 退 1

20. 炮六平七　马 3 进 5

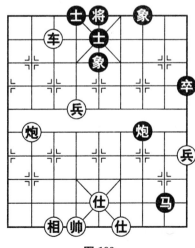

图 99

21. 炮二退三　车 2 退 2

22. 炮七退六　炮 5 平 3

23. 马三进五　士 4 进 5

24. 车三平四　炮 7 平 3

25. 车四进一　后炮进 7

26. 马九退七　马 5 退 3

27. 马五进七　马 3 进 4

28. 车四平六　炮 3 进 4

29. 车六进一　卒 7 进 1

30. 车六平九　车 2 退 2

31. 兵九进一　马 7 进 6?

32. 车九平五　车 2 平 8

33. 炮二进三　卒 7 进 1

34. 炮二平三　马 6 进 7

35. 相五进三！马 7 进 8

36. 马七进八　炮 3 退 2

37. 车五平七！炮 3 平 5

38. 帅五平六　车 8 平 4

39. 炮三平六　象 3 进 5

40. 马八进七　车 4 退 1

41. 炮六退三　士 5 退 4

42. 兵五进一　炮 5 退 1

43. 炮六进一　炮 5 平 1

44. 兵五平六！车 4 平 3

45. 车七进二　炮 1 平 7

46. 炮六平五　士 6 进 5

47. 炮五平八（图 100）

图 100

第 51 局　赵鑫鑫负张申宏

1. 兵七进一　炮2平3

2. 炮八平五　炮8平5

3. 马二进三　卒3进1

4. 马八进九　卒3进1

5. 车九平八　马8进7（图101）

6. 车八进八?　车9进1

7. 炮二进六　车1进2!

8. 车一平二　车1平2

9. 车八退一　炮5平2

10. 兵五进一　炮3平5

11. 仕六进五　卒9进1

12. 马三进五　卒3平4

13. 兵五进一　卒5进1

14. 马五进三　炮5进5

15. 相七进五　卒5进1

16. 马三进四　士4进5

17. 兵九进一　炮2平6

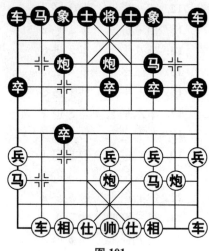

图 101

18. 马九进八　马2进3

19. 兵三进一　车9进2

20. 炮二退一　卒7进1

21. 马四进六　士5进4

22. 炮二平四　士4退5

23. 炮四退五　马7进5!

24. 车二进五　象3进5

25. 炮四平一　马5进6

26. 车二退二　车9平2

27. 马八退七　马3进5

28. 车二平七　马5进3

29. 炮一进三　卒7进1

30. 相五进三　马3进1

31. 车七平四　马1退3

32. 炮一平二　马3进4

33. 炮二退三　车2平3

34. 仕五进六　马4进6!

35. 车四退一　车3进4

36. 相三进五　车3退1

37. 兵一进一　车3平8

38. 兵一进一　卒1进1

39. 炮二平一　卒1进1

40. 车四退一　卒1进1

41. 兵一进一　车8平9

42. 炮一平二　车9退3

43. 车四进二　车9平2

44. 炮二进一　车2进6

45. 帅五进一　卒1进1

46. 炮二退三　车2退2

47. 炮二进二　卒4进1（图102）

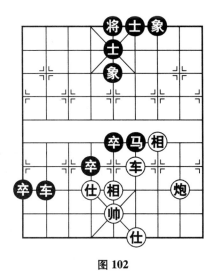

图 102

第52局 李鸿嘉胜聂铁文

1. 兵七进一　炮 2 平 3　　　　2. 炮八平五　炮 8 平 5

3. 马二进三　马 8 进 7　　　　4. 车一平二　卒 3 进 1

5. 马八进九　卒 3 进 1　　　　6. 车九平八　马 2 进 1

7. 炮二进四　卒 7 进 1　　　　8. 车二进四　车 9 平 8

9. 车二平七　车 8 进 3　　　　10. 车七进三　车 8 进 3

11. 炮五平七　车 8 平 7

12. 相七进五　马 7 进 6（图 103）

13. 马九进七　马 6 进 5

14. 马三进五　炮 5 进 4

15. 仕六进五　象 7 进 5

16. 马七进五　车 7 平 6

17. 马五进六　车 1 进 1

18. 车八进七！士 6 进 5

19. 车七退四　卒 5 进 1

20. 帅五平六　车 6 退 1

21. 马六进七　将 5 平 6

22. 炮七平九！车 6 平 4

23. 帅六平五　车 4 平 6

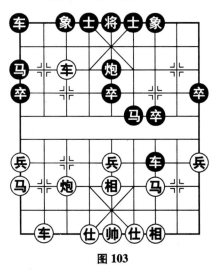

图 103

24. 帅五平六　车6平4
25. 帅六平五　卒5进1？
26. 炮九进四！车4退3
27. 车八平六　马1退3
28. 车六进一　车1进2
29. 车六平七　炮5平1
30. 前车平六　炮1平9
31. 车七平一　车1平6
32. 车一平二　将6平5
33. 帅五平六　象5进3
34. 车二进六　车6退3
35. 车二退二　车6进3
36. 车二进二　车6退3
37. 车二退三　车6进2
38. 车二进三　车6退2
39. 车二退五　车6进5
40. 车二进五　车6退5
41. 车二退三　车6进2
42. 车二平五　车6平5
43. 车五平三！车5平6
44. 车三进三　车6退2
45. 车三退四　象3退5
46. 车三进二　象5进3
47. 车三平七　象3进1
48. 车六退二（图104）

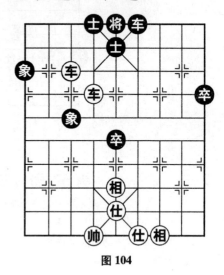

图 104

第 53 局　柳大华负吕钦

1. 兵七进一　炮2平3
2. 炮八平五　炮8平5
3. 马八进七　马8进7
4. 马二进一　车9平8
5. 车一平二　马2进1
6. 车九平八　车1进1
7. 炮二进四　士6进5
8. 车八进五　车1平4（图105）
9. 炮五平四　车4进5
10. 相七进五　炮5进4
11. 仕四进五　象7进5
12. 马七进五　车4平5

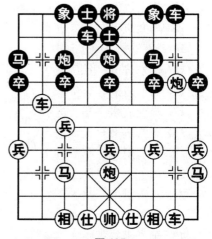

图 105

13. 车八进二 炮3平4　　　14. 炮二退三 车5退2

15. 炮二进四 卒1进1　　　16. 炮二平五 象3进5

17. 车二进九 马7退8　　　18. 车八平九 卒9进1

19. 相五退七 马8进9　　　20. 炮四平八 车5平2

21. 炮八平五 马9进8　　　22. 车九平七 马8进6

23. 车七退一 车2平5　　　24. 车七平六 炮4平3

25. 车六平七 炮3平1　　　26. 车七平九 炮1平3

27. 车九平七 炮3平1　　　28. 车七平九 炮1平3

29. 车九平七 炮3平1　　　30. 车七平八 马6进4

31. 车八平六 炮1平3　　　32. 车六平七 炮3平1

33. 车七平六 炮1平3　　　34. 车六平七 炮3平1

35. 车七平六 炮1平3　　　36. 相七进九 马4进3!

37. 帅五平四 象5退3!

38. 车六退五 车5平6

39. 炮五平四 车6进2

40. 帅四平五 马3退1

41. 车六进一 马1进3

42. 车六退一 马3退4

43. 车六进一 卒5进1

44. 兵七进一 马4退3

45. 车六进四 马3进4

46. 车六平七 马4进6!

47. 仕五进四 炮3平5

48. 仕六进五 车6平1

49. 车七平五 卒5进1

50. 相三进五 卒5进1!（图106）

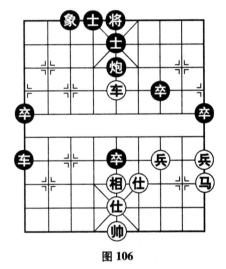

图 106

第54局　阎文清负许银川

1. 兵七进一 炮2平3　　　2. 炮八平五 炮8平5

3. 马二进三 马8进7　　　4. 车一平二 卒3进1

5. 马八进九 卒3进1　　　6. 车九平八 车9进1

7. 仕六进五 马2进1　　　8. 炮二进四 车9平4

9. 车二进五 车4进2　　　10. 兵三进一 车1进1（图107）

11. 马三进四　炮5进4

12. 马四进五　马7进5

13. 车二平五　炮3平5

14. 车五进一　车4平5

15. 炮二平五　士4进5

16. 车八进三　前炮退1

17. 车八平六　马1进3

18. 车六进三　马3进4!

19. 马九进七　前炮进1

20. 马七进五　前炮退3

21. 炮五进四　马4退5

22. 车六平五　车1平3

23. 相七进五　卒3平4

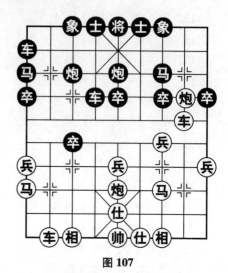

图 107

24. 马五进四　士5进6!

26. 车五平六　车3平4

28. 车六平七　象3进1

30. 帅五平六　将5平6

32. 帅六进一　卒4进1

34. 马四退六　炮2平4

36. 兵九进一　车2退2

38. 仕五进六　车2平4

39. 帅六平五　车4进2

40. 帅五进一　车4退5

41. 兵九进一?　车4平9

42. 兵九进一　炮4平5

43. 车三平四　车9进2

44. 兵九进一　车9平7

45. 帅五平六　卒9进1

46. 兵九平八　卒9进1

47. 车四平六　卒9平8

48. 兵八平七　卒8平7

49. 车六退二　车7平3

50. 兵七平六　车3平6!（图108）

25. 帅五平六　车3进5

27. 帅六平五　士6进5

29. 车七平九　车4平2

31. 兵九进一　车2进3

33. 车九平七　炮5平2

35. 车七平三　炮4退2

37. 帅六退一　卒4进1!

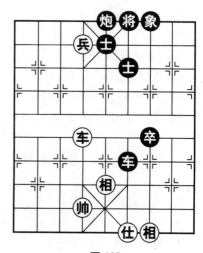

图 108

第55局 徐天红胜吕钦

1. 兵七进一　炮 2 平 3
2. 炮八平五　炮 8 平 5
3. 马二进三　马 8 进 7
4. 车一平二　卒 3 进 1
5. 马八进九　卒 3 进 1
6. 车九平八　车 9 进 1
7. 仕六进五　马 2 进 1
8. 炮二进四　车 9 平 4
9. 车二进五　车 4 进 2
10. 兵三进一　车 1 进 1（图109）
11. 兵三进一　车 4 进 1
12. 车二退一　卒 7 进 1
13. 炮二平三　象 7 进 9
14. 车二平七　车 1 平 3
15. 马三进四　车 4 平 6
16. 炮五平四　车 6 平 5
17. 炮三平二　炮 3 平 4
18. 车七平六　士 6 进 5
19. 相七进五　车 5 进 2
20. 马四进三　车 5 平 8
21. 马三进五　象 3 进 5

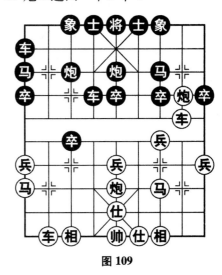

图 109

22. 炮二平三　车 3 进 1
23. 相五进七！马 1 进 3
24. 炮三平七　车 3 进 1
25. 炮四平七　象 5 进 3
26. 车六进一！卒 7 进 1
27. 兵九进一　卒 7 平 6
28. 车六平七　车 3 进 1
29. 炮七进三　将 5 平 6
30. 车八进二　车 8 退 2
31. 炮七进二！马 7 进 6
32. 车八进三　卒 6 进 1
33. 马九进八　马 6 进 7
34. 车八进一　车 8 平 5
35. 马八进七　车 5 平 6
36. 相七退五　卒 6 平 5?
37. 马七进五！车 6 退 1
38. 炮七退一　车 6 退 1
39. 炮七进三　将 6 进 1
40. 炮七退一　将 6 退 1
41. 车八平五　马 7 退 6
42. 车五平三！马 6 退 7
43. 车三平二　车 6 平 5
44. 炮七进一　将 6 进 1
45. 车二进二　将 6 进 1
46. 炮七退二　象 9 进 7
47. 车二平三　马 7 进 6
48. 车三退三　马 6 进 4
49. 车三平六　将 6 退 1

50. 炮七平五　马4进2　　　**51.** 炮五平二（图110）

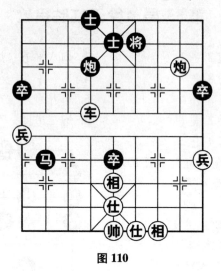

图 110

第56局　刘殿中负赵国荣

1. 兵七进一　炮2平3　　　**2.** 炮八平五　炮8平5

3. 马二进三　马8进7　　　**4.** 车一平二　卒3进1

5. 马八进九　卒3进1　　　**6.** 车九平八　马2进1

7. 炮二进四　卒7进1　　　**8.** 车二进四　车9平8

9. 车二平七　车8进3

10. 车七进三　车8进3

11. 马九进七　车8平7

12. 马三退五　士4进5（图111）

13. 马七进六　炮5平6

14. 马六进八　象7进5

15. 车七退四　炮6退1！

16. 马五进七？车1平2

17. 车七进一　车2进2

18. 车八进四　车7进3

19. 车七平二　车7退4

20. 车二平三　卒7进1

21. 车八平三　车2进1

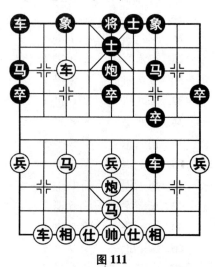

图 111

22. 车三进三　车2平3！　　23. 马七进六　车3进6

24. 车三退一　马1进3　　　25. 马六进七　车3退6

26. 车三平一　卒1进1　　　27. 炮五平二　炮6进5

28. 车一平三　炮6平8　　　29. 炮二退一　车3进4

30. 帅五进一　卒5进1　　　31. 车三退三　炮8退2

32. 兵一进一　车3平9　　　33. 车三平二　炮8平7

34. 车二平三　车9进1　　　35. 炮二平四　炮7平6

36. 车三平四　炮6平7　　　37. 车四进二　炮7退3

38. 车四平五　士5进6　　　39. 车五平四　士6进5

40. 车四平二　车9平7

41. 车二进三　炮7进2

42. 车二进一　炮7退3

43. 车二退一　炮7平6

44. 车二平四　车7平9

45. 兵一进一　车9退4

46. 帅五退一　车9平5

47. 炮四平一　车5进2

48. 仕四进五　车5平9

49. 炮一平二　车9平8

50. 炮二平一　将5平4！

51. 炮一进一　车8平1

52. 车四平一　车1平7（图112）

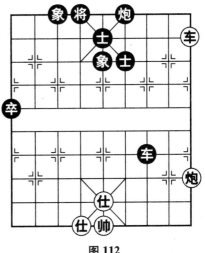

图 112

第57局　黄仕清胜陆峥嵘

1. 兵七进一　炮2平3　　　2. 炮八平五　炮8平5

3. 马二进三　马8进7　　　4. 车一平二　卒3进1

5. 马八进九　卒3进1　　　6. 车九平八　马2进1

7. 仕六进五　车9进1　　　8. 炮二进四　车9平4

9. 车二进四　卒3平4　　　10. 车八进四　炮3进3（图113）

11. 车二进一　车1平2　　　12. 车八进五　马1退2

13. 车二平八　马2进1　　　14. 炮五进四　士6进5

15. 兵三进一　马7进5　　　16. 炮二平五　卒9进1

17. 相七进五　车4进2　　　18. 炮五退一　炮3进2

19. 马三进二　车4平5

20. 马九退八　炮3退6

21. 炮五平七　车5平3

22. 炮七平二　炮5平8

23. 马二退三　卒1进1

24. 车八平六　车3平2

25. 马八进七　卒4平3

26. 马七退六　卒3进1

27. 兵五进一　车2平3

28. 马三进四　炮8平2?

29. 马六进八　卒3进1

30. 炮二进一!　卒7进1

31. 炮二平五!　象7进5

32. 兵三进一　卒3进1

34. 兵五进一　卒3平2

36. 车四平二　象5退7

38. 马四进三　车3退1

40. 炮五平一!　将6平5

41. 炮一平五　将5平6

42. 炮五平一　将6平5

43. 兵五进一　士4进5

44. 兵五进一!　炮2平5

45. 车二平三　士5退6

46. 炮一平五　将5平4

47. 车三退一　卒2平3

48. 仕五退六　卒3平4

49. 仕四进五　车3进1

50. 炮五退一　炮5平2

51. 车三平八　车3退1

52. 马二进四　士6退5

53. 车八平六 (图114)

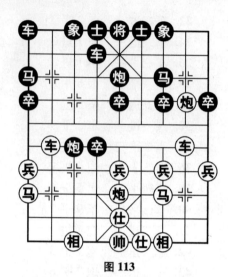

图 113

33. 车六退二!　将5平6

35. 车六平四!　士5进6

37. 车二进六　象3进5

39. 马三进二　炮3平7

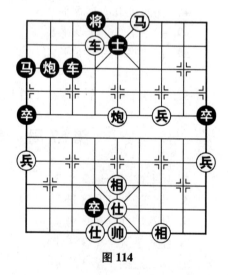

图 114

第58局 吕钦胜赵汝权

1. 兵七进一	炮2平3	2. 炮八平五	炮8平5
3. 马二进三	马8进7	4. 车一平二	车1进1
5. 马八进七	车1平4	6. 车九平八	马2进1
7. 炮二平一	车4进3		
8. 仕六进五	士6进5（图115）		
9. 兵三进一	卒7进1		

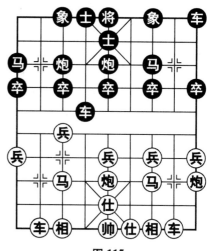

图115

10. 兵三进一	车4平7		
11. 马三进四	车7平6		
12. 车二进四	炮3进3		
13. 马四退二	炮5平3		
14. 车八进七	象7进5		
15. 马七进八	车9平8?		
16. 车二进五	马7退8		
17. 马八进七	车6平3		
18. 马七进五！	象3进5		
19. 相七进九	前炮平7		
20. 马二退四	炮7退3	21. 车八平九	车3进2
22. 车九退一	车3平5	23. 炮五进四！	车5退2
24. 炮五平二	卒9进1	25. 相九进七	象5退3
26. 相七退五	炮3平5	27. 炮二退二	炮5进1
28. 马四进三！	车5平7	29. 车九平五	车7进1
30. 车五平二	马8进6	31. 炮一进三	炮7平5
32. 炮一进四	士5进6	33. 炮一退二！	士6退5
34. 炮一进二	士5进6	35. 炮一退五	车7进4
36. 车二平五	车7退3	37. 炮二平五	炮5退1
38. 炮五进四	士6退5	39. 车五平四	马6进8
40. 车四平二	马8退7	41. 炮一进五	士5退6
42. 兵一进一	车7平1	43. 兵一进一	士4进5
44. 兵一进一	车1平7	45. 兵一进一	车7退4
46. 兵一平二	车7平6	47. 兵二进一	车6退1
48. 相五进三	象3进5	49. 炮一退六	士5退4

50. 炮一平五! 士 6 进 5 　　　**51.** 车二平三　马 7 进 6

52. 兵二平三　车 6 退 1 　　　**53.** 车三平四（图 116）

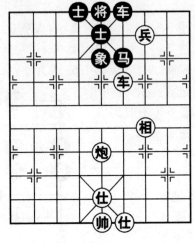

图 116

第 59 局　郑一泓负谢岿

1. 兵七进一　炮 2 平 3 　　　**2.** 炮八平五　炮 8 平 5

3. 马八进七　马 8 进 7 　　　**4.** 马二进一　马 2 进 1

5. 车九平八　车 9 平 8 　　　**6.** 车一平二　卒 3 进 1

7. 兵七进一　车 8 进 4

8. 兵七平八　车 1 平 2

9. 兵八进一　马 1 退 3

10. 炮二平三? 车 8 进 5（图 117）

11. 马一退二　车 2 进 3!

12. 车八进六　炮 3 进 7

13. 仕六进五　马 3 进 2

14. 兵三进一　象 7 进 9

15. 炮三进四　马 2 进 4

16. 马二进三　炮 5 平 2

17. 炮三平九　炮 2 退 1

18. 炮五平六　马 7 进 6

19. 相三进五　炮 3 退 1

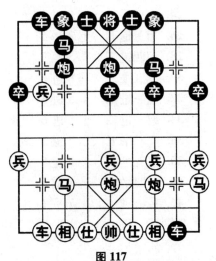

图 117

20. 炮九平一	炮2进5	21. 兵一进一	炮2平3!
22. 兵九进一	前炮平2	23. 兵三进一	象9进7
24. 炮一退一	马6进5	25. 马三进五	马4进5
26. 炮六进一	炮2退3	27. 炮一平二	炮2平8
28. 兵九进一	象7退5	29. 仕五进四	马5退6
30. 兵一进一	士6进5	31. 马七进九	马6进7
32. 相五进三	炮3退2	33. 炮六进二	炮3进2
34. 仕四进五	马7退5	35. 马九进八	炮3平9!
36. 帅五平六	炮9平4	37. 帅六平五	炮4平9
38. 帅五平六	炮9平4	39. 帅六平五	炮4平9
40. 炮二进一	炮8进4	41. 相三退一	炮9平7
42. 兵一平二	炮8平9		
43. 帅五平六	炮7进3		
44. 帅六进一	炮7退1		
45. 帅六退一	马5进7		
46. 马八进六	士5进4		
47. 炮六进二	马7退8		
48. 炮六平八	马8进6		
49. 炮八退一	将5平6		
50. 炮二退五	士4进5		
51. 仕五进六	马6进4		
52. 炮八平五	马4进6!		
53. 炮五退五	马6进7		
54. 炮二退一	马7退5		
55. 炮二进一	马5退3（图118）		

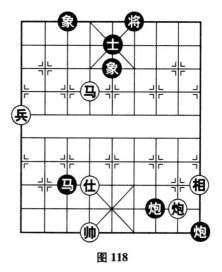

图 118

第 60 局　陈寒峰胜金波

1. 兵七进一	炮2平3	2. 炮八平五	炮8平5
3. 马二进三	马8进7	4. 车一平二	卒3进1
5. 马八进九	卒3进1	6. 车九平八	马2进1
7. 炮二进四	卒7进1	8. 车二进四	车9平8
9. 车二平七	车8进3	10. 车七进三	车8进3
11. 马九进七	车8平7	12. 马七进六	车7进1

13. 车八进八　士6进5（图119）

14. 炮五平七！车7平4

15. 车八退三　车4退2

16. 马六进八　炮5进4

17. 车八平六　车4平2

18. 车七平三！象3进5

19. 车六进一　车2平5

20. 车三平二　车1平3

21. 炮七平一　将5平6

22. 车二退一　车3进9

23. 车二平四　将6平5

24. 帅五进一　车3退1

25. 帅五进一　马1退3

26. 马八进七　车3退7

28. 车六平五　车8进2

30. 帅四进一　车8退1

32. 帅四进一　车8退1

34. 仕四进五　车8进1

36. 车五平八　炮2平5

38. 车五平八　炮2平5

40. 车八平五！士5进6

42. 炮一进三　车8退8

44. 帅四平五　卒1进1

45. 兵九进一　车3平1

46. 车四平八　车1平4

47. 相三进五　士5退4

48. 车八平四　士6退5

49. 车四进二！车4退2

50. 炮一退二　车8进2

51. 车五进二　车4进3

52. 炮一平五　车4平5

53. 车五平三！象7进9

54. 车三平五　象9退7

55. 帅五平四（图120）

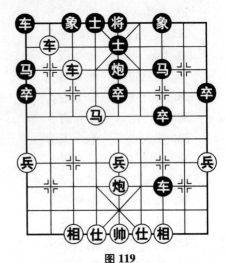

图 119

27. 帅五平四　车5平8

29. 帅四退一　车8进1

31. 帅四退一　车8进1

33. 帅四退一　车3进7

35. 帅四退一　炮5平2

37. 车八平五　炮5平2

39. 炮一进四　车3退3？

41. 车五退三　士4进5

43. 炮一退三　卒1进1

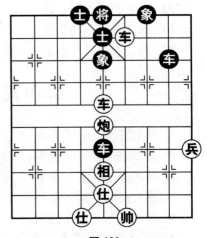

图 120

第 61 局　汪洋胜武俊强

1. 兵七进一	炮 2 平 3	2. 炮八平五	炮 8 平 5
3. 炮五进四	士 6 进 5	4. 相三进五	马 8 进 7
5. 炮五退二	马 2 进 1		
6. 马八进七	车 1 平 2 （图 121）		
7. 车九平八	车 2 进 9		
8. 马七退八	马 7 进 5		
9. 炮二进四	卒 7 进 1		
10. 马二进四	炮 5 进 3		
11. 兵五进一	炮 3 平 5		
12. 马四进六	车 9 平 8		
13. 车一平二	车 8 进 2		
14. 马八进七	士 5 退 6		
15. 车二进四	炮 5 退 1		
16. 兵五进一!	炮 5 进 3		
17. 仕六进五	炮 5 平 2		
18. 马六进五	炮 2 退 1		

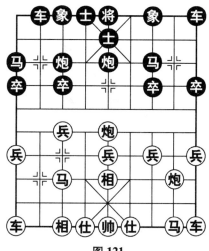

图 121

19. 车二退二	马 5 进 6		
20. 炮二退二	车 8 进 1	21. 马七进八	象 7 进 5
22. 兵九进一	炮 2 退 2	23. 兵七进一	卒 3 进 1
24. 马八进六	士 4 进 5?	25. 马六退四	炮 2 进 4
26. 马四进二!	炮 2 平 8	27. 车二进二	马 1 进 3
28. 兵三进一	卒 7 进 1	29. 相五进三	马 3 进 5
30. 相三退五	卒 9 进 1	31. 车二退三	车 8 平 2
32. 马二退三	马 5 退 4	33. 车二进四	车 2 平 9
34. 车二平四	马 4 进 2	35. 马五进四	士 5 进 6
36. 马四进二	士 6 进 5	37. 马二退一	马 2 进 1
38. 马一退三	车 9 平 4	39. 仕五进四	马 1 进 2
40. 仕四进五	马 2 退 4	41. 后马进五	车 4 进 2
42. 马五进四	卒 3 进 1	43. 车四平二	象 5 退 7
44. 兵一进一	卒 3 进 1?	45. 车二平七!	象 3 进 5
46. 车七退二	卒 1 进 1	47. 兵一进一	卒 1 进 1
48. 兵一平二	卒 1 平 2	49. 兵二进一	马 4 退 6

50. 车七进三　象7进9　　　**51.** 车七平八　将5平4

52. 兵二进一　象9进7　　　**53.** 兵二平三　卒2平1

54. 车八进三　将4进1　　　**55.** 车八退四　车4退2

56. 车八平四！（图122）

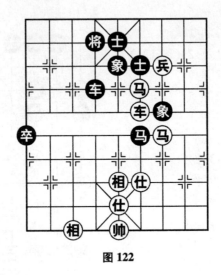

图 122

第 62 局　阎文清负王天一

1. 兵七进一　炮2平3　　　**2.** 炮八平五　炮8平5

3. 马八进七　马8进7

4. 马二进一　车9平8

5. 车一平二　炮3进3

6. 兵三进一　马2进3

7. 炮二进四　车1平2

8. 仕六进五　卒3进1（图123）

9. 炮五平四　炮3进1

10. 相七进五　卒3进1

11. 相五进七　车2进4

12. 相七退五　卒7进1

13. 兵三进一　车2平7

14. 车九平六　炮3平9

15. 车二进三　马7进8

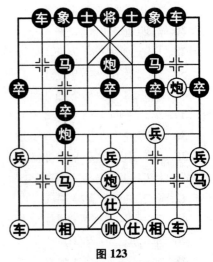

图 123

16. 车六进七　车7平3　　17. 炮二平三　士4进5
18. 车六进一　炮5平8　　19. 车二平四　象7进5
20. 马七进六　炮8退1　　21. 车六退二　车8平7
22. 炮三退五　车7进7!　　23. 车六平七　车3退1
24. 马六进七　卒9进1　　25. 车四进二　车7平8
26. 炮三进七　炮8退1　　27. 炮三退四　炮8平7
28. 车四平三　炮7进5　　29. 车三退一　车8退1!
30. 炮四进六?　车8平5　　31. 炮四平二　马8退9
32. 炮二退一　士5进6　　33. 马一进三　车5平3
34. 马七退六　士6进5　　35. 马六进四　车3平1
36. 炮二进一　马3进4　　37. 炮二平一　马9进8!
38. 炮一退五　马8进9　　39. 车三平六　马4退3
40. 车六进二　车1退2　　41. 马四进二　车1平4
42. 车六平七　车4平3　　43. 车七平六　马9退8
44. 马三进五　车3平5
45. 马五退四　马8进6
46. 马四进三　车5平8
47. 车六平七　马6退4
48. 车七退二　将5平6
49. 马二进一　将6平5
50. 车七平六　马3进2
51. 车六平五　马4退3
52. 马一退二　卒9进1
53. 马二进三　将5平4
54. 后马退四　卒9平8
55. 车五平七　卒8进1
56. 车七平一　卒8平7
57. 马四进五　卒7进1（图124）

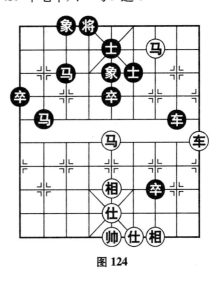

图 124

第 63 局　张强胜刘星

1. 兵七进一　炮2平3　　2. 炮八平五　炮8平5
3. 马二进三　马8进7　　4. 车一平二　卒3进1
5. 马八进九　卒3进1　　6. 车九平八　车9进1

7. 仕六进五　炮3进2

8. 兵三进一　马2进3（图125）

9. 炮二进三　车9平4

10. 兵三进一！炮3平8

11. 兵三平二　马3进4

12. 车二进四　马4进5

13. 马三进五　炮5进4

14. 车二平七　车1进2

15. 车八进三　炮5退2

16. 兵二进一　车1平4

17. 车八平五　炮5进3

18. 相三进五　前车进4

19. 车五进一　马7退5

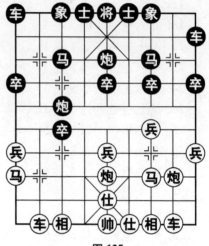

图 125

20. 车七进五！后车进2

22. 兵二平三　前车平9

24. 兵三平四　卒5进1

26. 车四平三　马7进6

28. 车三平四　士6进5

30. 车四平二！车7退4

32. 车五平八　车7平6

34. 马九进七　士5退4

36. 马七进八　象5退7

38. 车五平四　车4退2

40. 车二平三　象7进9

42. 车四平三　卒1进1

44. 马七进五　车3退2

46. 车六退三　马7进5

48. 车六进一　马5进7

50. 车三平六　马7退6

52. 车六平五　象9退7

54. 车五平三　象7进5

56. 车九进三　象5退3

21. 车七退四　象7进5

23. 车七进三　车9退2

25. 车五平四　马5进7

27. 兵四进一　车9平7

29. 兵四进一　卒5进1

31. 车二平五　车7进2

33. 兵四平五　士4进5

35. 车七平二　车4进3

37. 车八平五　车6平5

39. 马八退七　车4平5

41. 车三平二　马6退7

43. 车二平六　前车平3

45. 马五退六　士4进5

47. 马六进七　车3进2

49. 车六平二　卒9进1

51. 车二平九　车5平3

53. 马七进九　马6进7

55. 马九退七　后车进1

57. 兵九进一（图126）

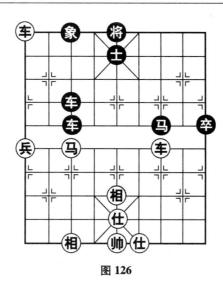

图 126

第64局 李雪松胜郑乃东

1. 兵七进一 炮2平3	2. 炮八平五 炮8平5
3. 马二进三 马8进7	4. 车一平二 卒7进1
5. 马八进七 车9平8	
6. 炮二进四 马2进1（图127）	

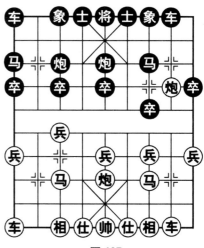

图 127

7. 马七进六 车1平2	
8. 马六进五 马7进5	
9. 炮五进四 士4进5	
10. 相七进五 车2进4	
11. 仕六进五 车2平5	
12. 炮五平三！车8进2	
13. 车九平六 卒1进1	
14. 兵一进一 炮5进4	
15. 炮三平一 炮3平5	
16. 炮一退一！车5退1	
17. 炮二退二 象7进9	
18. 炮一平九 前炮平6	19. 炮二平五 车8平6
20. 炮五进三 象3进5	21. 车六平八 车6进2
22. 兵九进一 炮6进2	23. 车八进二 车6进2

24. 车二进一	卒 3 进 1	25. 兵七进一	象 5 进 3
26. 兵一进一	车 5 进 2	27. 炮九进一	车 5 平 1
28. 炮九平五	象 3 退 5	29. 车八平七	将 5 平 4
30. 相五退七	马 1 进 2	31. 炮五退四	马 2 进 4?
32. 车七平六	将 4 平 5	33. 车二进三!	车 1 进 4
34. 车二平六	车 1 平 3	35. 后车退二	车 3 退 9
36. 前车退一	车 6 平 4	37. 车六进三	车 3 进 9
38. 车六退三	车 3 退 2	39. 车六进二	车 3 平 2
40. 仕五退六	车 3 退 3	41. 仕六进五	车 3 进 3
42. 车六退二	车 3 退 3	43. 马三进一	象 9 退 7
44. 马一进二	车 3 平 5	45. 炮五平四	车 5 平 3
46. 车六进六	车 3 进 3		
47. 仕五退六	炮 6 平 1		
48. 车六平九	炮 1 平 2		
49. 炮四平五	炮 2 进 1		
50. 车九平八	炮 2 平 1		
51. 车八进三	车 3 退 9		
52. 车八退九	炮 1 退 5		
53. 兵三进一	将 5 平 4		
54. 兵三进一	象 5 进 7		
55. 仕六进五	象 7 进 5		
56. 马二退三	炮 1 平 5		
57. 马三进五	炮 5 进 3		
58. 相三进五	（图 128）		

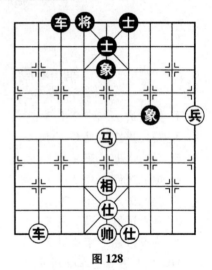

图 128

第 65 局　张强负柳大华

1. 兵七进一	炮 2 平 3	2. 炮八平五	炮 8 平 5
3. 马八进七	马 8 进 7	4. 车九平八	车 9 平 8
5. 马二进三	马 2 进 1	6. 车一平二	车 8 进 4
7. 炮二平一	车 8 进 5	8. 马三退二	车 1 进 1 （图 129）
9. 马二进三	车 1 平 6	10. 兵三进一	卒 1 进 1
11. 马七进六	士 6 进 5	12. 仕六进五	炮 3 进 3
13. 炮五平七	车 6 进 2	14. 相七进五	炮 3 退 1

15. 车八进七　炮5平6

16. 马六退八　象3进5

17. 车八进一　炮3平8

18. 马八进六?　卒5进1!

19. 炮一退一　卒3进1

20. 车八退四　炮8进2

21. 炮一平三　炮8平1

22. 马三进二　炮1平9

23. 兵三进一　卒7进1!

24. 炮三进六　炮9退1

25. 炮七平九　马1退3

26. 车八进四　炮9平4

27. 车八平七　卒7进1

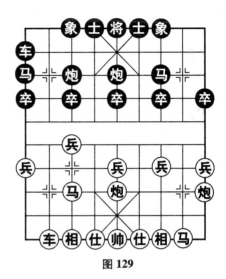

图 129

28. 马二退一　车6平2

29. 车七平九　炮6进6

30. 车九退三　车2进6

31. 仕五退六　车2退2

32. 车九退一　炮4进3!

33. 炮九退一　车2平5

34. 仕六进五　车5平2

35. 炮三平二　卒3进1

36. 炮二进二　士5退6

37. 车九进三　士4进5

38. 车九进二　士5退4

39. 炮九进五　炮4退5

40. 车九退二　炮4平7

41. 车九平五　士4进5

42. 仕五进四　车2进2

43. 帅五进一　车2退1

44. 帅五退一　炮7进6

45. 仕四进五　炮6平9

46. 车五退二　炮9进1

47. 马一退二　车2退5

48. 炮二退四　车2平1

49. 车五平七　卒3平4

50. 仕五进六　车1平8

51. 帅五进一　象7进5

52. 车七平八　炮9退5

53. 车八进四　士5退4

54. 炮二平五　士6进5

55. 马二进一　车8进4

56. 车八退三　车8平9

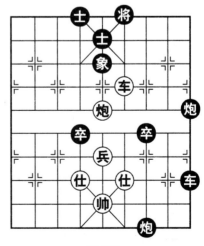

图 130

57. 车八平一　将5平6　　58. 车一平四（图130）

第66局　郑一泓胜许国义

1. 兵七进一　炮2平3　　2. 炮八平五　炮8平5
3. 马八进七　马8进7　　4. 马二进一　马2进1
5. 车九平八　车9平8　　6. 车一平二　卒7进1
7. 车八进五　象7进9
8. 炮二进四　车1平2（图131）
9. 车八平三　士6进5
10. 炮五平三　卒5进1?
11. 车三平五　车2进4
12. 车五退一　车2平6
13. 相三进五　车6退1
14. 炮三进五！炮3平7
15. 车五平二　车8进2
16. 兵三进一　车6平7
17. 仕四进五　卒1进1
18. 马七进六　炮5平2
19. 炮二退一！象3进5

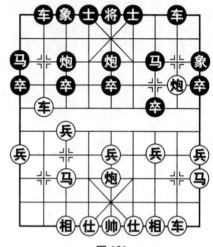

图131

20. 炮二平五　车8进3　　21. 车二进四　象9退7
22. 车二进五　炮7平6　　23. 马六进四　炮6退2
24. 车二退三！车7平8　　25. 马四进二　炮6进1
26. 兵一进一　炮2进1　　27. 马二进三　将5平6
28. 炮五平二　炮6进1　　29. 炮二平四　炮6平7
30. 马一进二　炮2退2　　31. 马二进一！炮2平7
32. 马一进三　将6平5　　33. 兵五进一　士5进6
34. 兵五进一　炮7平1　　35. 炮四平二　象7进9
36. 兵一进一　士4进5　　37. 兵一进一　象9进7
38. 兵五进一　卒1进1　　39. 兵五平四　卒1平2
40. 兵三进一　炮1进5　　41. 马三进一　炮1退3
42. 马一退二　将5平4　　43. 马二进三　马1退3
44. 兵一平二　卒2平3　　45. 相五进七　卒3进1
46. 炮二退四　卒3进1　　47. 仕五进六　象5退7

48. 兵二平三　炮 1 平 4

49. 前兵进一　卒 3 平 4

50. 前兵平四　士 5 进 6

51. 兵四进一　马 3 进 2

52. 兵四进一　卒 4 平 5

53. 兵三平四　马 2 进 3

54. 仕六进五　炮 4 平 1

55. 前兵平五　马 3 退 4

56. 炮二进七　马 4 退 6

57. 炮二进一　象 7 进 9

58. 兵四进一　（图 132）

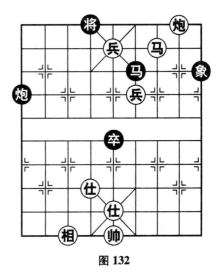

图 132

第 67 局　黄海林负王跃飞

1. 兵七进一　炮 2 平 3	2. 炮八平五　炮 8 平 5
3. 马八进七　马 8 进 7	4. 马二进一　车 9 平 8
5. 车一平二　马 2 进 1	6. 仕六进五　卒 7 进 1
7. 车九平八　车 1 平 2	8. 车八进九　马 1 退 2
9. 炮二平三　车 8 进 9	10. 马一退二　士 6 进 5（图 133）

11. 相七进九　马 7 进 6

12. 炮五进四　卒 3 进 1

13. 相三进五　卒 3 进 1

14. 相九进七　象 3 进 1

15. 马七进八　马 2 进 4

16. 炮五退一　马 4 进 5

17. 兵五进一　马 6 进 7

18. 炮五进二　象 7 进 5

19. 兵五进一　马 5 退 7

20. 马二进四　后马进 8

21. 马四进三　马 8 进 7

22. 马八进九　炮 3 退 1

23. 马九进七　士 5 进 4

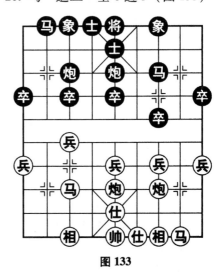

图 133

24. 兵五进一　象1进3　　　25. 马七退六　炮3平9

26. 马六进四　炮9进5　　　27. 兵九进一　马7退6

28. 马四进三　将5进1　　　29. 炮三平二　炮9平8

30. 兵九进一　将5平4　　　31. 相五退三　卒7进1

32. 马三退四　士4退5　　　33. 炮二平六　士5进6

34. 兵九平八　将4平5　　　35. 炮六进五　将5平6

36. 马四进二　将6退1　　　37. 兵五平四　士4进5

38. 炮六退五　卒7平6　　　39. 马二进一　炮8平5

40. 相三进五　卒9进1　　　41. 马一退三　卒9进1

42. 兵八进一　卒6平5　　　43. 炮六平九　卒5平4

44. 帅五平六　炮5平4　　　45. 炮九进二　卒9平8

46. 相七退九　炮4平9　　　47. 相九退七　卒8进1

48. 仕五进四　卒8平7

49. 仕四进五　卒7进1

50. 炮九退一　炮9平2!

51. 相五进三　卒4平5

52. 兵八进一　马6进4!

53. 炮九进三　炮2退3

54. 帅六平五　马4进2

55. 兵四平三　马2进3

56. 帅五平四　卒5平6

57. 相七进五　卒6进1

58. 相五进七　卒6进1

59. 仕五进四　卒7平6

60. 兵八平七　士5进4!（图134）

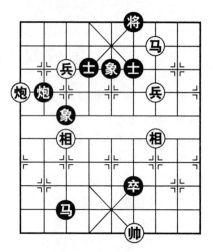

图134

第68局　郑一泓负金波

1. 兵七进一　炮2平3　　　2. 炮八平五　炮8平5

3. 马二进三　马8进7　　　4. 车一平二　卒3进1

5. 马八进九　卒3进1　　　6. 车九平八　马2进1

7. 炮二进四　卒7进1　　　8. 车二进四　车9平8

9. 车二平七　车8进3　　　10. 车七进三　车8进3

11. 炮五平七　马7进6　　　12. 车八进四　车8平7（图135）

13. 相七进五　马6进5

14. 马三进五　炮5进4

15. 仕六进五　象3进5

16. 马九进七　炮5退2

17. 车八进二　马1退2

18. 车七进一　马2进4！

19. 马七进八　马4进6

20. 车八平五　士6进5

21. 马八进六　车1平2

22. 车七退四　车2进9

23. 炮七退二　车7进3

24. 车五平四　车7退4

25. 车七进一？车7平5！

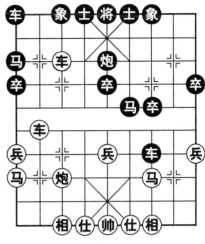

图 135

26. 马六退五　象5进3

27. 马五退六　卒7进1

28. 帅五平六　炮5平8

29. 仕五进四　卒7进1

30. 仕四进五　炮8进3

31. 车四退二　象7进5

32. 车四平二　炮8平9

33. 车二退二　炮9进2

34. 车二平一　炮9平3！

35. 相五退七　马6进7

36. 兵一进一　车2平1

37. 兵一进一　卒9进1

38. 车一进三　车1退3

39. 车一平二　卒1进1

40. 车二退一　车1平4

41. 帅六平五　卒7进1

42. 马六退八　马7进8

43. 帅五平四　卒7平6

44. 仕五进四　马8进6

45. 帅四进一　马6退8

46. 马八进六　车4进1

47. 车二退一　车4进1

48. 帅四退一　车4退3

49. 车二平九　卒1进1

50. 车九平七　卒1平2

51. 帅四平五　车4平5

52. 帅五平四　卒2平3

53. 车七平二　卒3平4

54. 车二退一　卒4进1

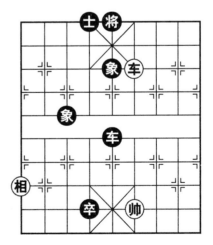

图 136

55. 车二平五　车 5 平 3　　**56.** 相七进九　车 3 平 4

57. 帅四进一　卒 4 进 1　　**58.** 车五平四　卒 4 进 1

59. 车四进一　士 5 进 6　　**60.** 车四进四　车 4 平 5（图 136）

第二章　顺炮先跳正马

第69局　蔡福如胜于红木

1. 兵七进一　炮2平3　　　　2. 炮二平五　炮8平5
3. 马二进三　马8进7　　　　4. 车一平二　马2进1
5. 马八进七　车1平2　　　　6. 车九平八　车9进1
7. 炮八进四　车9平4
8. 车二进四　车4进5（图137）
9. 马七进六　士4进5

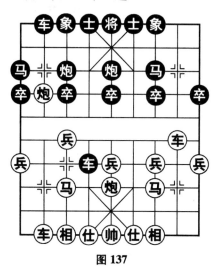

图137

10. 兵七进一　卒3进1
11. 炮八平三　马7退9
12. 车八进九　炮3进7
13. 仕六进五　马1退2
14. 马六进四　马2进3?
15. 马四进三!　炮5平4
16. 前马进一　马3进4
17. 炮五平六　马4进3
18. 车二平八　炮3平1
19. 马一退二　炮4进5
20. 马二进三　将5平4

21. 炮三进三　将4进1
22. 仕五进六　马3进4
23. 前马退五!（图138）

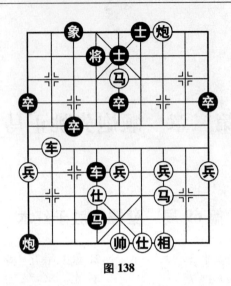

图 138

第70局 刘剑青胜言穆江

1. 兵七进一　炮2平3	2. 炮二平五　炮8平5
3. 马二进三　马8进7	4. 车一平二　车9进1
5. 马八进七　车9平4	6. 车二进四　马2进1
7. 马七进六　车1平2	8. 炮八平六　车4平6（图139）
9. 马六进五　马7进5	10. 炮五进四　士6进5

11. 车二进五！车6退1

12. 兵九进一　车2进4

13. 车九进三　车2平4

14. 仕六进五　炮3进3

15. 兵五进一　马1退2?

16. 马三进五　马2进3

17. 炮五平一！炮3退1

18. 炮一进三　车4平9

19. 马五进三！车9退1

20. 炮六平一　炮3平9

21. 马三进一　卒7进1

22. 兵五进一　车9平6

23. 相七进五　卒3进1

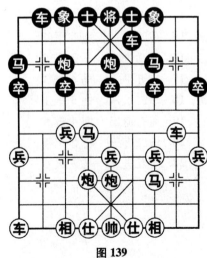

图 139

24. 车二平三（图140）

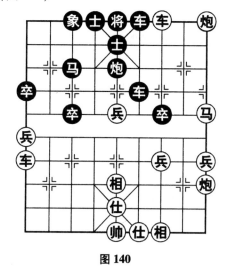

图140

第71局　徐天红胜李家庆

1. 兵七进一　炮2平3	2. 炮二平五　炮8平5
3. 马二进三　马8进7	4. 车一平二　车9进1
5. 马八进七　车9平4	6. 车二进四　马2进1
7. 马七进六　卒7进1	8. 相七进九　车1平2（图141）

9. 炮八平六　车4平6

10. 马六进五　马7进5

11. 炮五进四　士6进5

12. 车二进五！车6退1

13. 仕六进五　车2进4

14. 车九平六　车2平4

15. 炮六平七　车4进5

16. 帅五平六　卒1进1

17. 相三进五　象7进9

18. 车二退三　车6进4

19. 兵三进一　卒7进1

20. 相五进三　车6平7

21. 马三进四！马1进2?

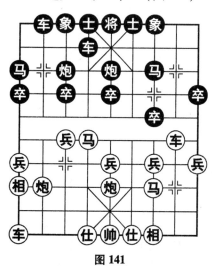

图141

22. 炮七进四　炮3平4　　　　　**23.** 兵七进一！马2退1

24. 马四进三　象9退7　　　　　**25.** 车二进三（图142）

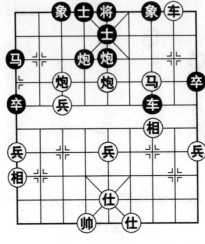

图 142

第72局　王嘉良负何荣耀

1. 兵七进一　炮2平3　　　　　**2.** 炮二平五　炮8平5

3. 马二进三　马8进7　　　　　**4.** 车一平二　马2进1

5. 炮八平六　车9进1　　　　　**6.** 马八进七　车9平4

7. 仕六进五　车1平2

8. 车二进四　车4进5（图143）

9. 马七进六　士4进5

10. 马六进五　马7进5

11. 炮五进四　炮3平2！

12. 炮六平八　炮2平4

13. 炮八平五　炮4平2

14. 后炮平八　炮2平4

15. 车九进二？车2进6

16. 炮八平六　卒7进1

17. 炮六进五　车4退4

18. 兵九进一　车4进1

19. 车二进二？车2平4

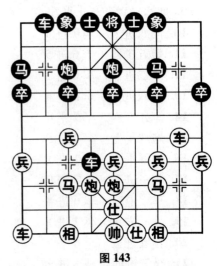

图 143

20. 车九平八　卒9进1　　　**21.** 相三进五　将5平4!

22. 炮五平四　前车退1　　　**23.** 炮四平五　前车进1

24. 车二平三　前车平5!　　　**25.** 炮五退一　车4进1

26. 炮五平一　车5平3!（图144）

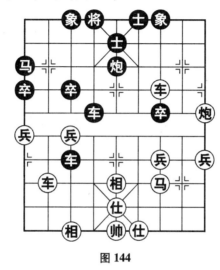

图 144

第73局　何永祥负于幼华

1. 兵七进一　炮2平3　　　　**2.** 炮二平五　炮8平5

3. 马二进三　马8进7

4. 车一平二　马2进1

5. 马八进七　车1平2

6. 车九平八　车9进1

7. 炮八进四　车9平4

8. 车二进四　车4进5（图145）

9. 马七进六　士4进5

10. 兵九进一?　卒7进1

11. 仕六进五　炮3进3!

12. 马六进五　马7进5

13. 炮五进四　卒3进1

14. 炮五平九　马1退3

15. 车二进二　将5平4

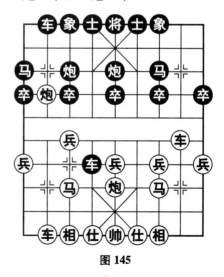

图 145

16. 相七进五　炮3进2

17. 马三退一　车2进3

18. 车二平八　马3进2

19. 车八进六　炮3进2!

20. 仕五进六　车4进1

21. 马一进二　车4进2

22. 帅五进一　车4退3

23. 马二进三　炮3平7!

24. 炮九进三　象3进1

25. 车八进三　将4进1

26. 车八退八　炮7退5

27. 炮九平三　炮7平5（图146）

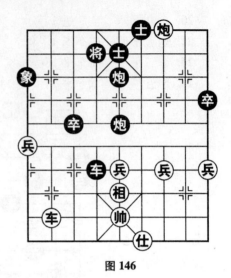

图 146

第74局　蔡福如胜邹立武

1. 兵七进一　炮2平3　　　2. 炮二平五　炮8平5

3. 马二进三　马8进7　　　4. 车一平二　马2进1

5. 马八进七　车1平2

6. 车九平八　车2进6（图147）

7. 马七进六　车9进1?

8. 兵七进一　车2退1

9. 兵七进一　炮3平4

10. 马六退七　车2平3

11. 兵七平六　炮4平3

12. 马七退五　车9平4

13. 相七进九　车3进1

14. 兵六平五!　炮5退1

15. 炮八进五!　车4进7

16. 车二进四　卒7进1

17. 炮八平三　马1进3

18. 车二平四　马3进4

20. 炮二进二　炮5平2

22. 车八进三　车3平2

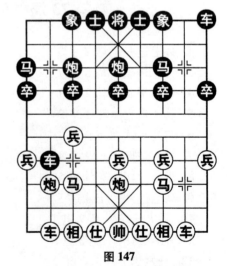

图 147

19. 炮三平二!　马4进2

21. 车四进五　将5进1

23. 车四平五　将5平6

24. 前兵平四! 象7进9　　　　**25.** 炮五平四　炮3平6

26. 兵四进一　将6进1　　　　**27.** 马五进四（图148）

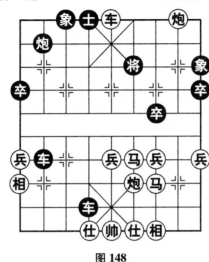

图 148

第75局　阎文清胜胡容儿

1. 兵七进一　炮2平3　　　　**2.** 炮二平五　炮8平5

3. 马二进三　马8进7　　　　**4.** 车一平二　马2进1

5. 马八进七　车1平2　　　　**6.** 车九平八　车2进4（图149）

7. 马七进六　车9进1

8. 兵七进一!　车2平3

9. 炮八平七　车9平4

10. 车八进四　卒7进1

11. 炮七平六　车4平6

12. 马六进五　马7进5

13. 炮五进四　士4进5

14. 车二进六　车3平4

15. 仕六进五　炮3进7

16. 兵三进一　车6进5

17. 兵三进一　炮3退5?

18. 兵三进一　车6平7

19. 兵三进一!　车7进1

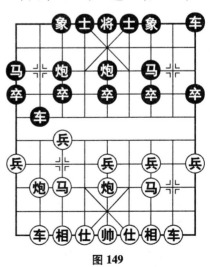

图 149

20. 兵三平四　车4平6
21. 兵四平五　象7进5
22. 车八进四！车7进2
23. 车八平六　炮3平5
24. 帅五平六　炮5进4
25. 炮五退五　车6进5
26. 帅六进一　士5退4
27. 兵五进一　车6平5
28. 炮六进三！（图150）

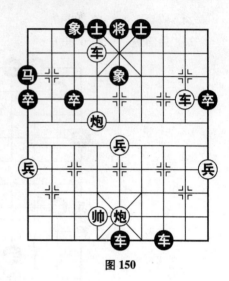

图 150

第76局　陈信安胜高明海

1. 兵七进一　炮2平3	2. 炮二平五　炮8平5
3. 马二进三　马8进7	4. 车一平二　马2进1
5. 马八进七　车1平2	
6. 车九平八　卒3进1（图151）	

7. 车二进五　卒3进1
8. 车二平七　卒3进1
9. 车七进二　卒3进1
10. 车七退五　车2进3
11. 兵三进一　车9进1
12. 车八进一　车9平3
13. 车七进六　马1退3
14. 车八平七　马3进4
15. 炮八平七　车2进2
16. 炮七进五　炮5退1
17. 车七进五　车2平7
18. 马三退五　车7平4
19. 马五进七　车4进3
20. 炮七平八　车4平3
21. 炮五平三！卒5进1？
22. 炮三进五　马4进6
23. 炮八退二！马6进5

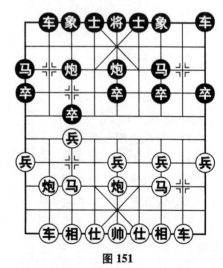

图 151

24. 炮八平七　马5退3	25. 仕四进五　象3进5
26. 相三进五　象5进3	27. 炮三平七！象3退5
28. 车七退二　炮5平3	29. 马七进五（图152）

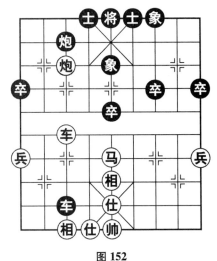

图 152

第77局　吕钦负徐天红

| 1. 兵七进一　炮2平3 | 2. 炮二平五　炮8平5 |
| 3. 马二进三　马8进7 | 4. 车一平二　马2进1 |

5. 马八进七　车1平2

6. 车九平八　车9进1（图153）

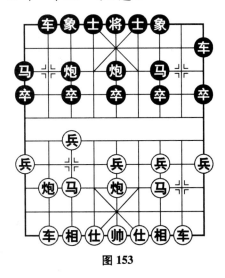

7. 炮八进四　卒3进1

8. 炮八平七　车2进9

9. 炮七进三　士4进5

10. 马七退八　卒3进1

11. 车二进五　士5进4！

12. 车二平六　车9平2

13. 车六进二　车2进1

14. 马八进七　卒7进1

15. 炮七退五　士6进5

16. 车六退五　炮5平4

17. 马三退五　卒1进1

图 153

18. 车六进四　马1进2
19. 车六退一　炮3退2!
20. 相七进九　马2进3
21. 车六平三　炮4进6!
22. 炮五平三?　马3进1
23. 车三平七　象7进5
24. 车七进一　炮4平3!
25. 炮三平九　后炮进5
26. 相三进五　后炮进1
27. 炮九进三　马7进6
28. 车七平五?　马6进4
29. 车五平二　车2进2
30. 炮九进一　车2平4
31. 相五退七　将5平4!（图154）

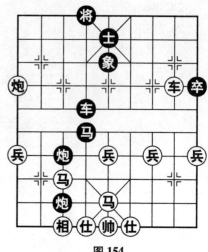

图154

第78局　苗永鹏胜许文学

1. 兵七进一　炮2平3　　　2. 炮二平五　炮8平5
3. 马二进三　马8进7　　　4. 车一平二　车9进1
5. 马八进七　车9平4　　　6. 车二进四　车4进5
7. 马七进六　马2进1　　　8. 炮八进四　车1平2
9. 车九平八　士4进5
10. 马六进四　卒7进1（图155）
11. 车二平六　车4退1
12. 马四退六　炮3进3
13. 马六进五　马7进6
14. 马五退三　马1退3
15. 炮八进二　马6进7
16. 前马退五　马7退8
17. 车八进四　炮3退1
18. 仕四进五　炮3平5
19. 马五进三　前炮进3
20. 相三进五　炮5平4
21. 后马进四　象3进5

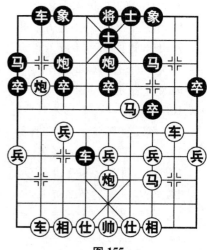

图155

86

22. 马四进二　象 5 进 7

23. 马二退三　马 3 进 4

24. 兵五进一　炮 4 平 7

25. 马三进一　马 4 进 5?

26. 车八平五　车 2 进 1

27. 马一进三!　炮 7 平 5

28. 马三进二　车 2 进 5

29. 马二进三　车 2 平 7

30. 马三退二　车 7 退 4

31. 马二进一　卒 3 进 1?

32. 车五进三!（图 156）

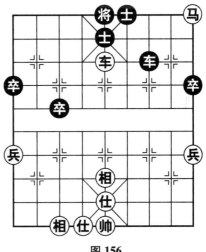

图 156

第79局　臧如意胜李望祥

1. 兵七进一　炮 2 平 3　　　2. 炮二平五　炮 8 平 5

3. 马二进三　马 8 进 7　　　4. 马八进七　卒 3 进 1

5. 马七进六　卒 3 进 1

6. 马六进四　车 9 进 1（图 157）

7. 马四进三　炮 3 平 7

8. 炮五进四　士 4 进 5

9. 炮八进六　炮 7 退 1

10. 车九平八!　炮 7 平 2

11. 车八进八　车 9 平 6

12. 相三进五　车 6 进 3

13. 仕四进五　车 6 平 5

14. 炮五平八　车 5 平 2

15. 车一平四　将 5 平 4

16. 兵五进一　炮 5 平 8

17. 马三进五　卒 3 平 4

18. 兵五进一　象 3 进 5

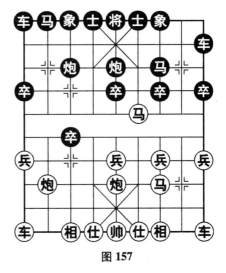

图 157

19. 马五进六　马 2 进 4

20. 炮八平六　马 4 进 2　　21. 炮六退二　将 4 平 5

22. 车四进八!　马 2 进 4?　　23. 车八平六　马 4 退 6

24. 炮六平五　车1进2

25. 兵五平四　炮8进2?

26. 兵四进一!　炮8平6

27. 车四平三　炮6平5

28. 兵四进一　车1平4

29. 车六退一　士5进4

30. 马六退五　士4退5

31. 兵四平五　象7进5

32. 马五进七（图158）

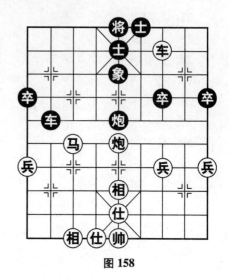

图 158

第 80 局　林宏敏胜孟立国

1. 兵七进一　炮2平3

2. 炮二平五　炮8平5

3. 马二进三　马8进7

4. 马八进七　卒3进1

5. 马七进六　卒3进1

6. 马六进五　车9进1

7. 车一平二　车9平4

8. 车二进四　车4进2（图159）

9. 马五进三　炮3平7

10. 车二平七　炮7进4

11. 炮八平七　炮7进3?

12. 仕四进五　象3进1

13. 车九平八　马2进4

14. 炮五进五　象7进5

15. 车七进三!　士4进5

16. 车七平五　卒7进1

17. 相七进五　炮7平9

18. 车五平二　炮9退2

19. 车二退五　炮9平7

20. 炮七平三　车1平3

21. 车八进三　车3进3

22. 兵五进一　车4进2

23. 车八平五　马4进2

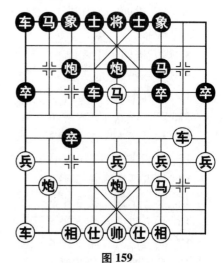

图 159

24. 车二进三！ 马2进3

25. 车二平三　将5平4

26. 兵五进一　马3进4

27. 仕五进六　马4退2

28. 兵五进一　车3进1

29. 车三进二　马2进1

30. 车三平九！ 车3平7

31. 车九进二　将4进1

32. 车九平七！（图160）

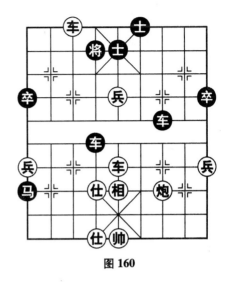

图 160

第 81 局　潘振波负蔡忠诚

1. 兵七进一　炮2平3

2. 炮二平五　炮8平5

3. 马二进三　马8进7

4. 车一平二　马2进1

5. 炮八平六　车9进1

6. 马八进七　车9平4

7. 仕六进五　车1平2

8. 车二进四　车4进5

9. 马七进六　士4进5

10. 马六进五　马7进5

11. 炮五进四　车4退3

12. 炮五退二？ 车2进6（图161）

13. 兵九进一　炮3进3

14. 车二进五　车4进2

15. 炮五平七　卒3进1！

16. 炮七进五　车4进2

17. 相七进五　车4退4

18. 车二退四　车2退6

19. 炮七退二　车2平3

20. 车二平七　车4平3

21. 车七进一　马1进3

22. 炮七平八　马3进4

23. 车九平七　车3平2

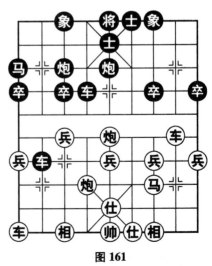

图 161

89

24. 炮八平九　马4进6

25. 仕五进四　马6退5

26. 车七进三　车2进9

27. 帅五进一　车2平4!

28. 车七进六　士5退4

29. 炮九进二　炮5进4!

30. 帅五平四　将5进1

31. 车七退一　将5进1

32. 车七退一　将5退1

33. 车七退二　将5平6（图162）

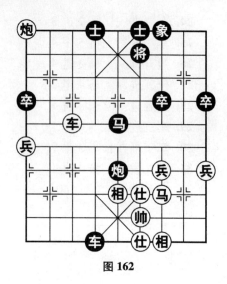

图 162

第82局　许银川胜庄宏明

1. 兵七进一　炮2平3　　2. 炮二平五　炮8平5

3. 马二进三　马8进7　　4. 车一平二　马2进1

5. 马八进七　车1平2　　6. 车九平八　车2进4

7. 炮八平九　车2进5

8. 马七退八　车9进1（图163）

9. 车二进五　车9平4

10. 炮九进四　炮5退1

11. 车二平八　车4进5

12. 兵九进一　象7进5

13. 兵三进一　车4退1

14. 炮五平七!　卒5进1

15. 相七进五　卒5进1

16. 兵五进一　炮5进4

17. 仕四进五　车4平3

18. 兵九进一　车3退1?

19. 车八进二!　炮3退1

20. 炮九平三　马7进5

21. 兵九进一　马5进4

22. 炮七平六　炮3平8　　23. 兵九进一　士6进5

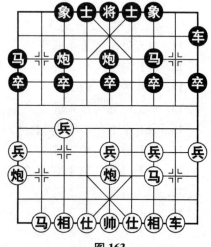

图 163

24. 炮六进一！ 车 3 平 6
25. 马八进七 将 5 平 6
26. 马七进五 炮 8 进 1
27. 车八退五 车 6 退 1
28. 炮三进二 炮 8 进 5
29. 仕五退四 卒 3 进 1
30. 炮六退二 车 6 平 7
31. 炮三平二 车 7 进 2
32. 仕六进五 车 7 进 1
33. 车八进四（图 164）

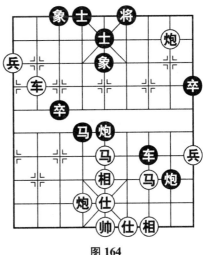

图 164

第 83 局　窦国柱负侯玉山

1. 兵七进一 炮 2 平 3
2. 炮二平五 炮 8 平 5
3. 马二进三 马 8 进 7
4. 马八进七 车 9 进 1
5. 马七进六 车 9 平 4
6. 马六进五 士 4 进 5（图 165）
7. 仕六进五 车 4 进 2
8. 车一平二 马 7 进 5
9. 炮八进四 卒 3 进 1
10. 炮八平五 炮 3 进 3
11. 前炮平一 卒 7 进 1
12. 炮一进三 炮 5 进 5
13. 相七进五 炮 3 进 2
14. 马三退一 马 2 进 3
15. 车九平七 炮 3 平 1
16. 车二进七 马 3 进 4
17. 车七平六 车 1 平 2
18. 兵五进一 马 4 退 6
19. 车二平三？ 车 4 进 6
20. 仕五退六 炮 1 进 2！
21. 相五退七 车 2 进 9
22. 相三进五 车 2 退 2
23. 仕四进五 象 3 进 5

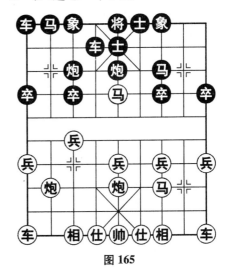

图 165

24. 马一进二　车2平5！
25. 马二进三　马6进5
26. 马三退五　车5退2
27. 车三退一　车5平2
28. 炮一退三　车2进4
29. 帅五平四　炮1平3
30. 帅四进一　车2退3
31. 兵九进一　卒3进1
32. 炮一平九　卒3进1
33. 炮九平四　卒3进1（图166）

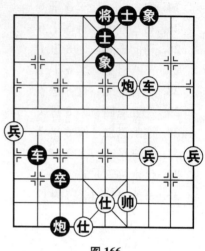

图 166

第84局　李来群胜蒋志梁

1. 兵七进一　炮2平3　　　　2. 炮二平五　炮8平5
3. 马二进三　马8进7　　　　4. 车一平二　马2进1
5. 马八进七　车1平2
6. 车九平八　车2进6（图167）
7. 马七进六　车9进1
8. 车二进六　车2退1
9. 车二平三　车9平6？
10. 兵三进一　象7进9
11. 兵三进一　象9进7
12. 马六进五　马7进5
13. 炮五进四　士4进5
14. 马三进四！车2进2
15. 车八进二　车6进4
16. 车八平六　车6退1
17. 仕六进五　车6平5
18. 车六进六　象7退9
19. 帅五平六！炮3平4
20. 车六退一　车5退1
21. 车三平五！士5进4
22. 车五平一　象9退7
23. 车一平六　士4退5

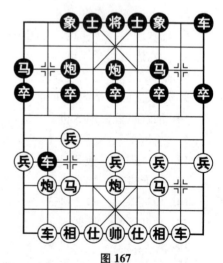

图 167

24. 车六平三　卒 1 进 1

25. 车三进三　马 1 进 2

26. 车三退三　马 2 进 1

27. 相七进五　马 1 进 3

28. 帅六平五　马 3 退 5

29. 车三平七　士 5 退 4

30. 车七进三　士 6 进 5

31. 车七退四　马 5 退 7

32. 车七平九　马 7 进 9

33. 车九平三　炮 5 平 4

34. 兵七进一（图 168）

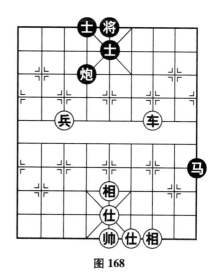

图 168

第85局　林宏敏胜钱洪发

1. 兵七进一　炮 2 平 3

2. 炮二平五　炮 8 平 5

3. 马二进三　马 8 进 7

4. 车一平二　马 2 进 1

5. 马八进七　车 1 平 2

6. 车九平八　车 9 进 1

7. 炮八进四　车 9 平 4

8. 车二进四　车 4 进 5

9. 马七进六　士 4 进 5

10. 兵七进一　卒 3 进 1（图 169）

11. 炮八平三　马 7 退 8

12. 车八进九　炮 3 进 7

13. 仕六进五　马 1 退 2

14. 马六进五　马 8 进 9

15. 炮三退一　炮 3 平 1

16. 车二平八　马 2 进 1

17. 车八进三　车 4 平 3?

18. 仕五进六　炮 5 平 6

19. 马五进四!　车 3 进 3

20. 帅五进一　车 3 退 1

21. 帅五退一　车 3 平 6

22. 炮三平五　炮 6 平 5

23. 车八平七!　将 5 平 4

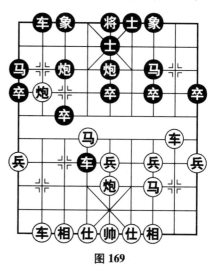

图 169

24. 车七平六　将4平5
25. 仕六退五　马1进3
26. 车六平七　马3进5
27. 炮五进三　炮1平3
28. 车七退二　象3进1
29. 车七平六　马9进7
30. 马四退三　车6退5
31. 帅五平六!　车6平5
32. 前马退四　炮5平4
33. 车六平八　车5退1
34. 马四进三（图170）

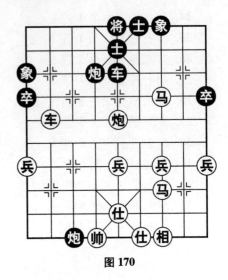

图170

第86局　李翰林胜姚洪新

1. 兵七进一　炮2平3
2. 炮二平五　炮8平5
3. 马二进三　马8进7
4. 车一平二　马2进1
5. 马八进七　车1平2
6. 车九平八　车2进4
7. 炮八平九　车2进5
8. 马七退八　车9进1（图171）
9. 车二进六　车9平2
10. 马八进七　卒3进1
11. 兵七进一!　炮3进5
12. 车二平三　炮3平7
13. 炮九平三　炮5进4
14. 仕四进五　车2平8
15. 车三平四!　车8进5
16. 炮三进五　车8平7
17. 相三进一　卒5进1
18. 炮三平八　象7进5
19. 帅五平四　炮5平6
20. 炮八退四!　炮6平1?
21. 车四进三　将5进1
22. 炮八进三　卒5进1
23. 兵七平六　卒5进1

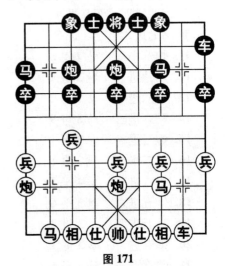

图171

24. 炮八平五　象5进3

25. 后炮平四　炮1进3

26. 炮四进三！炮1退5

27. 炮四平五　将5平4

28. 车四退一　士4进5

29. 车四平五　将4退1

30. 后炮退一　车7平6

31. 帅四平五　车6退1

32. 前炮退三！炮1平4

33. 后炮平六　炮4平5

34. 车五退三　车6进1

35. 炮六退二（图172）

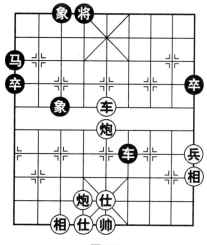

图 172

第87局　靳玉砚胜谢业枧

1. 兵七进一　炮2平3

2. 炮二平五　炮8平5

3. 马二进三　马8进7

4. 车一平二　车9进1

5. 炮八平六　马2进1

6. 马八进七　车9平4

7. 仕四进五　车1平2

8. 车二进四　车4进5

9. 马七进六　士4进5

10. 马六进五　马7进5（图173）

11. 炮五进四　车4退3

12. 炮六平五　卒7进1

13. 车二进五　车2进4

14. 车二平三　车2平6

15. 车九平八　车6进4？

16. 车八进七！炮3退1

17. 车三退四　车6退6

18. 前炮退二　将5平4

19. 后炮平六！炮5平4

20. 车三进一　车4进3

21. 炮六进五　车4退4

22. 车八平六　士5进4

23. 相三进五　卒1进1

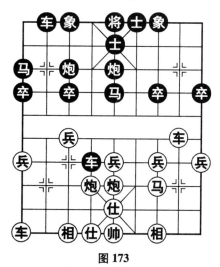

图 173

24. 兵一进一　炮3平2

25. 马三进一　车6进2

26. 车三平一　炮2进2

27. 车一退一!　车6平9

28. 兵一进一　炮2进3

29. 马一进二　马1进2

30. 兵九进一　马2进3

31. 兵九进一　炮2平5

32. 炮五平六　将4平5

33. 马二进四　士6进5

34. 兵九平八　马3进5?

35. 相七进五（图174）

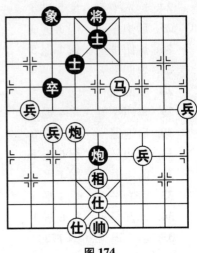

图174

第88局　柳大华胜徐宝坤

1. 兵七进一　炮2平3

2. 炮二平五　炮8平5

3. 马二进三　马8进7

4. 车一平二　马2进1

5. 马八进七　车1平2

6. 车九平八　卒3进1

7. 车二进五　卒3进1

8. 车二平七　卒3进1

9. 车七进二　卒3进1

10. 车七退五　车9进1（图175）

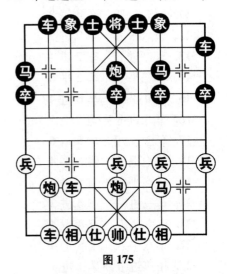

图175

11. 炮八进五!　车9平4

12. 兵三进一　车4进1

13. 炮八进一　士6进5

14. 车七进二　炮5平6

15. 马三进四　象3进5

16. 马四进五　炮6退1?

17. 炮八平四!　车2进9

18. 马五进三　车2退6

19. 炮四平一!　车2平4

20. 仕四进五　前车进2

21. 炮一进一　士5退6

22. 马三进四　士4进5

23. 马四退三　象7进9

24. 炮五进五！ 士5退4

25. 车七平六 车4进3

26. 炮五平一 士4进5

27. 后炮平九！ 车4退3

28. 马三进二 士5退6

29. 马二退一 士6进5

30. 马一进三 将5平4

31. 炮九进一 车4平6

32. 炮九平七 士5进4

33. 马三退二 车6平8

34. 炮七退二 卒7进1

35. 马二退四 卒7进1

36. 兵五进一 （图176）

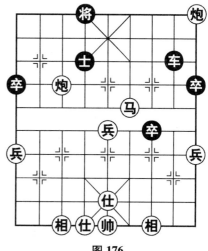

图 176

第89局 胡荣华胜陈开翼

1. 兵七进一 炮2平3

2. 炮二平五 炮8平5

3. 马二进三 马8进7

4. 车一平二 马2进1

5. 马八进七 车1平2

6. 车九平八 车2进4

7. 马七进六 车2平4

8. 车二进四 车9平8

9. 车二平四 车8进4

10. 炮八进五 卒1进1 （图177）

11. 车八进六 炮3进3

12. 车四进四！ 车4进1

13. 炮八平三 马1进2

14. 炮五进四 士6进5

15. 仕四进五 车4退2

16. 炮五退二 马2进3

17. 相七进五 马3退5

18. 相五进七 车8进3

19. 兵五进一 车8平7

20. 相七退五 车4平5

21. 车八退二 卒3进1

22. 炮三进一 车7平8

23. 炮三平一 车8退7

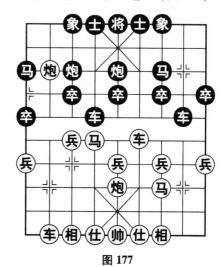

图 177

24. 车八进五　炮5平4
25. 车八退一　车5进2
26. 炮一平二　车5退3
27. 车八平七　象3进1
28. 车七平八　卒7进1
29. 兵一进一　炮4进4
30. 帅五平四　车5平6
31. 车四退一　士5进6
32. 炮二平七　象7进5
33. 车八退五　炮4退5
34. 炮七平八　炮4平6
35. 帅四平五　炮6平9
36. 车八进四!　车8进1?
37. 车八平五!（图178）

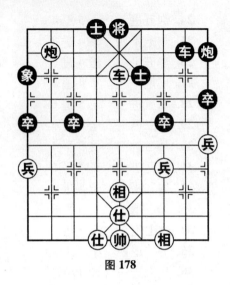

图 178

第90局　龚晓民负陈寒峰

1. 兵七进一　炮2平3
2. 炮二平五　炮8平5
3. 马二进三　马8进7
4. 车一平二　马2进1
5. 马八进七　车1平2
6. 车九平八　车9进1
7. 炮八进四　卒3进1
8. 车二进七　卒3进1（图179）
9. 车二平七　炮3进5
10. 车七退二　车9平3
11. 车七平六　车3进3
12. 兵三进一　车2进2
13. 车八进四　士6进5
14. 车六平八　卒7进1
15. 炮八平一　车2进3
16. 炮一进三　士5退6
17. 车八进二　马1进3!
18. 仕四进五?　车3进5
19. 车八进一　卒7进1
20. 车八平三　炮5平2!
21. 车三进二　炮2进7

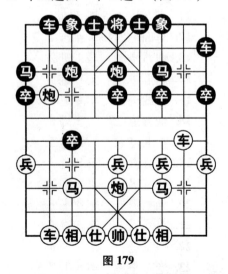

图 179

22. 帅五平四　车3退5　　　　23. 帅四进一　车3平6

24. 炮五平四　车6平8!　　　　25. 炮四平八　马3进5

26. 车三进二　将5进1

27. 车三退一　将5进1

28. 兵五进一　马5进3

29. 车三退四　马3进2

30. 马三进二　马2退3

31. 车三平四　将5平4

32. 帅四进一　马3进2

33. 帅四退一　马2退3

34. 帅四进一　马3进2

35. 帅四退一　车8平7

36. 车四进一　车7进1

37. 车四平六　将4平5

38. 马二进一　炮2退1

39. 仕五进六　马2进4（图180）

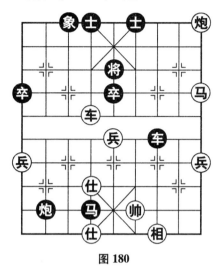

图 180

第 91 局　金松负陆峥嵘

1. 兵七进一　炮2平3　　　　2. 炮二平五　炮8平5

3. 马二进三　马8进7　　　　4. 车一平二　马2进1

5. 炮八平六　车1平2

6. 马八进七　车2进6（图181）

7. 仕六进五　车2平3

8. 兵九进一　车9进1

9. 车九进三　车3平1

10. 马七进九　车9平2

11. 马九退七　车2进5

12. 马七进六?　车2进3!

13. 马六进五　车2平3

14. 炮六退二　炮3平2

15. 车二进五　车3退4

16. 车二平八　炮2平4

17. 车八平六　炮4平2

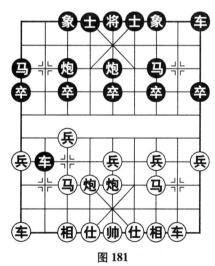

图 181

18. 炮六进二　车 3 进 4　　　19. 仕五退六　炮 2 进 7!

20. 车六平八　马 7 退 8　　　21. 炮六平七　车 3 退 2

22. 车八退五　车 3 退 2　　　23. 车八进七　车 3 平 1

24. 车八平七　卒 1 进 1　　　25. 车七进二　车 1 平 3

26. 马五进七　士 6 进 5

27. 马七退九　炮 5 进 5

28. 相三进五　车 3 进 2!

29. 车七退二　马 1 退 2

30. 车七平二　车 3 平 5

31. 仕六进五　车 5 平 7

32. 马九进八?　车 7 平 2

33. 马八退七　车 2 进 2

34. 仕五退六　车 2 退 6!

35. 马七退五　马 8 进 9

36. 车二平三　车 2 平 5

37. 兵五进一　卒 9 进 1

38. 车三进二　士 5 退 6

39. 兵三进一　马 2 进 4（图 182）

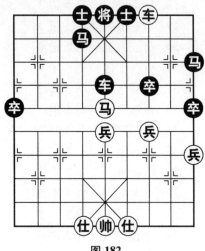

图 182

第 92 局　谢靖胜刘永德

1. 兵七进一　炮 2 平 3

2. 炮二平五　炮 8 平 5

3. 马二进三　马 8 进 7

4. 车一平二　马 2 进 1

5. 马八进七　车 1 平 2

6. 车九平八　车 2 进 4

7. 车二进六　车 9 进 1

8. 车二平三　车 9 平 4（图 183）

9. 炮八平九　卒 1 进 1

10. 车八进五　马 1 进 2

11. 炮五平四　车 4 进 3

12. 兵三进一　卒 3 进 1

13. 炮九进三!　车 4 平 6

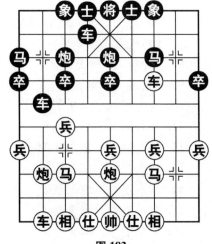

图 183

14. 仕六进五　车6进2
15. 炮九平七　象3进1
16. 炮七进一　车6平7
17. 马三退一　车7平9
18. 马一进三　车9平7
19. 马三退一　炮5平4
20. 车三退一　马2退4
21. 相三进五　象7进5
22. 车三进一　士4进5
23. 炮四进四！卒5进1
24. 炮四平五　卒5进1？
25. 炮五退一　马4退6
26. 兵五进一　马6进5
27. 兵五进一　卒9进1
28. 兵五进一　炮4进6
29. 马一退三　象1退3
30. 兵五进一　象3进5
31. 马七进六　车7平1
32. 马六进四　炮4退6
33. 马三进四　车1平6
34. 兵三进一　卒9进1
35. 炮七平四！车6平4
36. 炮四进二　炮3平2
37. 仕五退六　炮4进2
38. 仕四进五　炮4平5
39. 后马进三　炮5进1？
40. 马四进六！（图184）

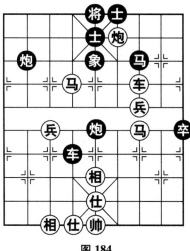

图 184

第 93 局　李雪松负尚威

1. 兵七进一　炮2平3
2. 炮二平五　炮8平5
3. 马二进三　马8进7
4. 车一平二　马2进1
5. 炮八平六　车1平2
6. 马八进七　车2进6（图185）
7. 仕六进五　车2平3
8. 相七进九　卒7进1
9. 车九平八　卒1进1
10. 车二进四　车9平8
11. 车二平六　士6进5
12. 车六进一　车8进6
13. 车六平三　炮5平4
14. 炮五平四　象7进5
15. 车三进一　车8退2
16. 炮六平五　马1进2
17. 车三退二　车8平4
18. 兵七进一　车4平3
19. 车八平六　后车平6
20. 兵九进一　卒1进1
21. 车三平九　炮4进1！
22. 兵三进一？炮3平4

23. 车六平七 车6进2	24. 车九平四 车6平7
25. 兵三进一 马2进4!	26. 兵三进一 车7退3
27. 马三退一 车7进5	28. 马一进二 车7进1
29. 相九进七 车7退3	30. 马二退一 前炮进1
31. 炮五平六 前炮平8	32. 车四平六 炮8进5
33. 马一退三 车7进3	34. 车六平二 车3退1!
35. 车二退二 车3退1	36. 马七退九 车3平8
37. 车二退二 车7平8	38. 车七进六 后车平3
39. 车七平六 炮4进5	40. 车六退四 车8退3（图186）

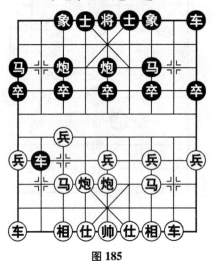

图 185

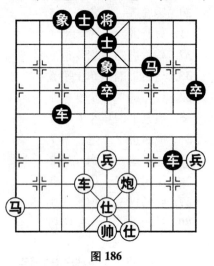

图 186

第 94 局　　郭长顺负李忠雨

1. 兵七进一 炮2平3	2. 炮二平五 炮8平5
3. 马二进三 马8进7	4. 车一平二 马2进1
5. 马八进七 车1平2	6. 车九平八 车9进1
7. 炮八进四 车9平4	8. 车二进四 车4进5
9. 马七进六 士4进5	10. 相七进九 卒7进1（图187）
11. 兵九进一 炮5进4	12. 马三进五 车4平5
13. 炮八进一 炮3平6!	14. 车二进二 象7进5
15. 马六退七 车5平6	16. 炮八平四 车2进9
17. 马七退八 车6退4	18. 车二平三 卒5进1!

19. 马八进七	卒5进1	20. 仕六进五	卒9进1
21. 马七进八	马7退9	22. 车三平五	车6进3
23. 马八进九	卒7进1	24. 兵三进一	车6平7
25. 相三进一	车7平8	26. 车五平一	马9退7
27. 车一退一	卒5进1	28. 炮五平七	马7进6
29. 车一平六	卒3进1	30. 车六进三	车8退2
31. 马九进七	卒3进1	32. 相九进七	车8进2
33. 相七退五	马1进3	34. 相五进三	马6进5
35. 兵九进一	车8进2	36. 仕五进六	车8退1
37. 炮七平八	马3进2	38. 车六退四	马5进4
39. 炮八进一?	卒5进1!	40. 炮八平二	马4进6!
41. 帅五平六	卒5进1!（图188）		

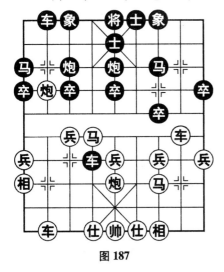

图 187

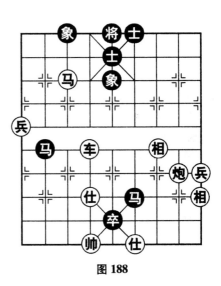

图 188

第95局　许银川胜蒋川

1. 兵七进一	炮2平3	2. 炮二平五	炮8平5
3. 马二进三	马8进7	4. 车一平二	马2进1
5. 马八进七	车1平2	6. 车九平八	车9进1（图189）
7. 炮八进四	卒3进1	8. 炮八平七	车2进9
9. 炮七进三	士4进5	10. 马七退八	卒3进1
11. 车二进五	士5进4	12. 车二平六	车9平2

13. 车六进二　车2进1

14. 马八进七　士6进5

15. 车六退二　车2退2

16. 炮七平三!　车2进8

17. 车六平七　炮3进1

18. 车七退一!　车2平3

19. 相七进九　炮5平3

20. 车七平八　后炮进5

21. 车八平七!　卒1进1

22. 马三退五　后炮平2?

23. 车七进五　士5退4

24. 车七退七　炮2进6

25. 相九退七　车3平4

26. 马五进三　车4进1

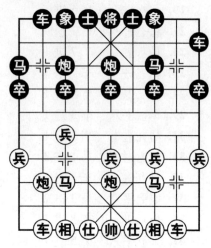

图189

27. 帅五进一　马1进2

29. 兵三进一　马7退5

28. 车七进三　马2进1

30. 炮三平二　马5进4

31. 马三进四　马4进3

32. 炮二退七!　车4平6

33. 马四进五　马3进5

34. 相七进九　车6退2

35. 车七退二　车6平8

36. 车七平五　马1进3

37. 炮五平六!　车8平4

38. 马五进三　士4进5

39. 车五进五　将5平4

40. 车五进一　将4进1

41. 马三退五　将4进1

42. 马五进四（图190）

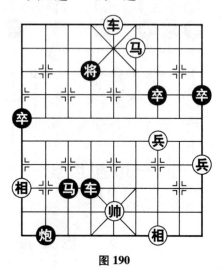

图190

第96局　柳大华胜蒋志梁

1. 兵七进一　炮2平3

2. 炮二平五　炮8平5

3. 马二进三　马8进7

4. 车一平二　马2进1

5. 马八进七　车1平2

6. 车九平八　车2进4（图191）

7. 马七进六　车9进1

8. 兵七进一　车2进1

9. 兵七进一　车9平4

10. 兵七进一　车4进4

11. 车二进一！　车4进2

12. 车二平八　士6进5

13. 兵七平八　车2退3

14. 炮八进四　卒7进1

15. 炮八平一　车2进6

16. 炮一进三　士5退6

17. 车八进一　马1进3

18. 车八平七　车4退4

19. 炮一退五　马3进4

20. 炮一平五　马4进5

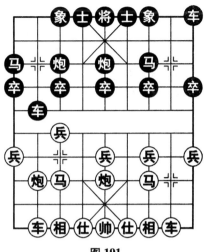

图191

21. 炮五退二　车4进2

22. 车七进四！　象7进9

23. 车七进四　卒7进1

24. 车七退二　马7进6

25. 兵三进一　车4平7

26. 炮五平八！　炮5平7

27. 相三进五　车7进1

28. 马三退二　车7平5？

29. 炮八进七　将5进1

30. 车七平四　车5退2

31. 炮八平四！　炮7进3

32. 炮四退四　炮7平6

33. 车四平一　车5平6

34. 车一进一　将5进1

35. 车一退二　卒5进1

36. 马二进三　炮6平5

37. 仕六进五　车6进2

38. 车一退一　车6平7

39. 车一平五　将5平6

40. 车五退一　车7进1

41. 相五进三　将6退1

42. 仕五进六　车7平6

43. 兵九进一（图192）

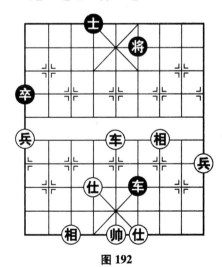

图192

第97局 蒋全胜负蔡福如

1. 兵七进一 炮2平3		2. 炮二平五 炮8平5
3. 马二进三 马8进7		4. 车一平二 马2进1
5. 炮八平六 车1平2		6. 马八进七 车2进6
7. 车九平八 车2平3		8. 相七进九 车9进1
9. 仕六进五 车9平4		

10. 车二进六 车4进3（图193）

11. 车二平三 卒1进1

12. 兵三进一 象7进9

13. 车三平四 士4进5

14. 马三进四 车4进1

15. 炮五平三 马7进8

16. 兵三进一 马8进9

17. 炮三平二 炮5进4

18. 炮六平五 炮5退1

19. 马四进五 车4退2

20. 车八平六 车4进6

21. 马七退六 炮3平5

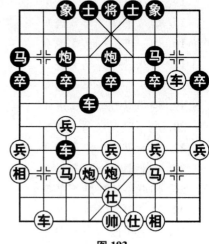

图193

22. 炮二进七 象9退7		23. 车四进二 车3平8
24. 炮二平一 马9进8		25. 马五进三 马1退3
26. 马六进八 将5平4		27. 车四退四 车8平5！
28. 马八进六 前炮进2		29. 相三进五 炮5进5
30. 帅五平六 炮5平7		31. 车四平三？马8退7
32. 车三平六 将4平5		33. 车六进四 炮7进2
34. 帅六进一 马3进1		35. 马六进四 马1进2
36. 相九退七 马2进3		37. 帅六进一 马3进2
38. 帅六退一 马2退3		39. 帅六进一 马3退2
40. 帅六退一 马2退3		41. 帅六进一 炮7退2！
42. 车六平五 车5退5		43. 马三进五 将5进1
44. 炮一平四 马3进2		45. 帅六退一 炮7平1（图194）

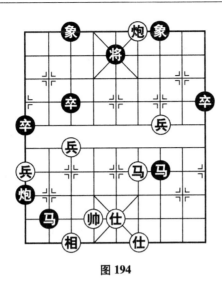

图 194

第 98 局 苗永鹏负梁文斌

1. 兵七进一 炮 2 平 3
2. 炮二平五 炮 8 平 5
3. 马二进三 马 8 进 7
4. 车一平二 车 9 进 1
5. 马八进七 车 9 平 4
6. 车二进四 车 4 进 5
7. 马七进六 马 2 进 1
8. 炮八进四 士 4 进 5（图 195）
9. 炮八平五 车 1 平 2
10. 前炮平六 车 4 平 3
11. 马六进四 车 3 平 4
12. 炮六平九 车 2 进 3
13. 马四进五 象 7 进 5
14. 炮九退一 车 2 进 1
15. 兵九进一 卒 7 进 1
16. 车九进三 车 4 退 3
17. 炮九进一 卒 3 进 1
18. 兵九进一 车 2 进 5
19. 车九退三 车 2 退 4!
20. 兵三进一 卒 7 进 1

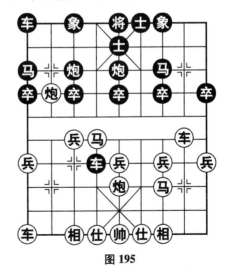

图 195

21. 车二平三 马 7 进 6
22. 车三平四? 马 6 进 4
23. 炮五平六 马 4 进 3

24. 仕四进五　卒 3 进 1

25. 相七进五　车 4 平 3

26. 炮六进三　车 3 进 1

27. 车四进一　车 2 退 2

28. 兵五进一　马 3 退 4

29. 马三进二　卒 3 进 1

30. 炮六平五　马 4 进 2

31. 车九进四　车 2 平 4

32. 炮九平一　将 5 平 4

33. 马二进三　车 4 进 5

34. 帅五平四　象 5 退 7

35. 马三进四　车 3 退 1

36. 炮一平三　车 3 平 4

37. 相三进一　炮 3 退 1

38. 炮三退五　前车退 2

39. 兵九进一　马 2 退 3!

40. 车九进一　马 3 退 1

41. 帅四平五　前马退 3

42. 炮三进一　卒 3 进 1

43. 车四进二　马 3 进 5

44. 车四平八　炮 3 平 6

45. 炮三平七　马 5 进 7

46. 车八平三　前车进 3!（图 196）

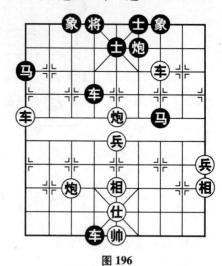

图 196

第 99 局　陈泓盛胜姚洪新

1. 兵七进一　炮 2 平 3

2. 炮二平五　炮 8 平 5

3. 马二进三　马 8 进 7

4. 车一平二　马 2 进 1

5. 炮八平六　车 9 进 1

6. 马八进七　车 9 平 4

7. 仕六进五　车 1 平 2

8. 车二进六　卒 7 进 1（图 197）

9. 车二平三　车 2 进 4

10. 车九平八　车 2 进 5

11. 马七退八　车 4 进 3

12. 兵三进一　象 7 进 9

13. 兵三进一　车 4 平 7

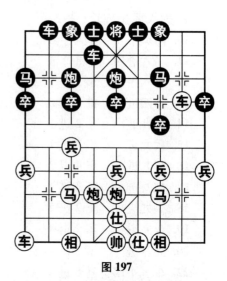

图 197

14. 车三退一　象9进7　　　　15. 马八进七　炮5退1

16. 马三进四　炮3平5　　　　17. 炮六进四　卒1进1

18. 马四进六　马1进2　　　　19. 炮六进二　马7进6

20. 炮五平一!　前炮进4　　　21. 相七进五　前炮退2

22. 炮一进四　后炮平7　　　　23. 帅五平六　象7退5

24. 炮一平七　马2退1　　　　25. 炮七平八　马1退3

26. 炮八退三　炮7进2　　　　27. 炮八平七　马3进4

28. 兵一进一　马4退2　　　　29. 炮六平八　炮7退2

30. 马六进八　马6进7　　　　31. 炮七平五　炮7平4

32. 帅六平五　马7退5　　　　33. 炮五进二　卒5进1

34. 马八进六　马2进4

35. 马六退八　士6进5

36. 马八进七!　马4退2

37. 后马进六　将5平6

38. 炮八平六　马2退4

39. 兵一进一　马5进7

40. 马六退四　卒5进1

41. 马四进五　马4进5

42. 马五进三　马5进7

43. 马三进二　将6进1

44. 马七退六　卒5平4?

45. 兵七进一!　后马进5

46. 马六退五　马7退5

47. 兵七平八（图198）

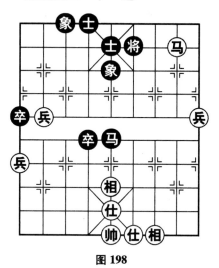

图198

第100局　柳大华胜黄勇

1. 兵七进一　炮2平3　　　　2. 炮二平五　炮8平5

3. 马二进三　马8进7　　　　4. 车一平二　马2进1

5. 马八进七　车1平2　　　　6. 车九平八　车9进1

7. 炮八进四　车9平4　　　　8. 车二进四　车4进5

9. 马七进六　士4进5　　　　10. 兵七进一　卒3进1

11. 炮八平三　马7退8　　　　12. 车八进九　炮3进7

13. 仕六进五　马1退2（图199）　14. 马六进五　马8进9

15. 炮三平九　车4平1

16. 马五退七　车1平3

17. 马七退九！车3退3

18. 炮九进三　士5退4

19. 马九退八　马9进7

20. 车二平八　马2进3

21. 兵三进一　车3进5

22. 兵三进一　炮3平2

23. 马八退六！马7进9

24. 兵一进一　马9进7

25. 车八退四　车3平4

26. 车八进四　马7进8？

27. 炮五平二　车4平1

28. 炮九平六　将5平4

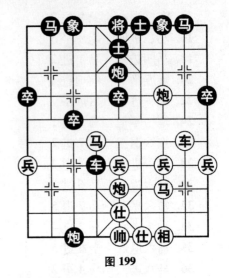

图199

29. 车八平六　将4平5

30. 相三进五　车1进1

31. 仕五退六　车1退5

32. 兵三进一　马3进5

33. 车六平三　马5进3

34. 车三平七　象3进1

35. 炮二进一　车1退1

36. 马三进四　车1平4

37. 车七平八　士6进5

38. 炮二进四　炮5进2

39. 兵三进一　马3进4

40. 马四退六　车4进3

41. 车八平五！炮5进2

42. 相五退三　将5平4

43. 车五进四　象1退3

44. 兵三进一　象7进5

45. 车五平四　象5进7

46. 车四进一　将4进1

47. 炮二进一　炮5退5

48. 车四退一（图200）

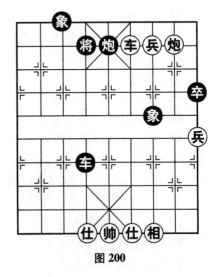

图200

第101局　才溢负谢业枧

1. 兵七进一　炮2平3

2. 炮二平五　炮8平5

3. 马二进三　马8进7

5. 马八进七　车9平4

7. 马七进六　马2进1

9. 炮八平六　士4进5

11. 炮五进四　车4退3

12. 车二平五　卒7进1（图201）

13. 兵九进一　车2进4

14. 炮五退一　炮3平4

15. 炮六进五　将5平4!

16. 兵七进一　车2进3

17. 炮五平六　车2平7

18. 相七进五　卒3进1

19. 后炮退三　车7退1

20. 前炮平八　车4平2

21. 炮八平六　车2平4

22. 前炮平八　车4平2

23. 炮八平六　车2平4

24. 前炮平八　车4平2

26. 前炮平七　将4平5

28. 车九平七? 炮5平8!

30. 相三进一　车4平6

32. 帅五进一　车7退1

33. 帅五退一　车6平8

34. 仕六进五　卒7平6!

35. 车五平六　车7进1

36. 仕五退四　车7退7

37. 相一退三　车7平3

38. 车六平四　象7进5

39. 仕四退五　车3平2

40. 炮七平六　车2进6

41. 车四退三　车8进3

42. 兵一进一　马1退3

43. 炮六进三　车2平4

44. 炮六平五　将5平4

4. 车一平二　车9进1

6. 车二进四　车4平5

8. 仕四进五　车1平2

10. 马六进五　马7进5

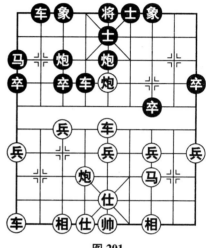

图 201

25. 炮八平六　车2平4

27. 车九进三　卒7进1

29. 炮六平七　炮8进7

31. 仕五进四　车7进3

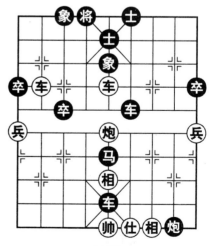

图 202

45. 车四平三　马3进2　　　46. 车七平八　马2进4
47. 车三进五　马4进5　　　48. 车八进三　车8退2
49. 车三平五　车8平6　　　50. 炮五退一　车4平5!（图202）

第102局　李家华胜曹霖

1. 兵七进一　炮2平3　　　2. 炮二平五　炮8平5
3. 马二进三　马8进7　　　4. 车一平二　车9进1
5. 马八进七　车9平4　　　6. 车二进四　车4进5
7. 马七进六　马2进1　　　8. 马六进五　车1平2
9. 炮八平七　马7进5

10. 炮五进四　士4进5（图203）

11. 仕四进五　车2进5

12. 相三进五　卒1进1

13. 车二进五　车4退3

14. 炮五退二　车2平2

15. 炮七平六　马1进2

16. 车九进二　车2平1

17. 相七进九　马2进3

18. 相九退七　炮3进3

19. 炮五进一!　炮3平2

20. 车二退五　炮2进4

21. 车二平八　炮2平1

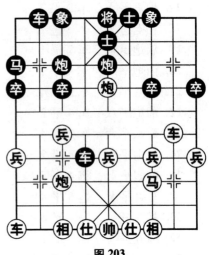

图203

22. 车八退四　车4进1　　　23. 炮五进一　车4平5
24. 炮五平六　车5平4　　　25. 前炮平五　车4平5
26. 炮五平六　马3退2?　　27. 前炮平一!　炮1退1
28. 车八进一　炮1进1　　　29. 车八退一　炮1退1
30. 车八进四　炮1平4　　　31. 炮一退二　炮5平3
32. 相七进九　炮3平2　　　33. 车八平七　卒3进1
34. 车七退三　炮2平4　　　35. 炮一平八　象7进5
36. 兵三进一　卒7进1　　　37. 兵三进一　车5平7
38. 兵一进一　后炮进1　　　39. 炮六平八　前炮退4?
40. 车七进四!　后炮平5　　　41. 车七平八　炮5进4
42. 仕五退四　炮5平1　　　43. 马三进四　炮4平3

44. 仕六进五　炮 1 进 2　　　　**45.** 前炮平七　车 7 进 2

46. 车八退二　车 7 平 6　　　　**47.** 马四进六　士 5 进 4

48. 车八进六　士 6 进 5　　　　**49.** 马六进五　炮 3 平 7

50. 车八平七　士 5 退 4　　　　**51.** 炮七平五（图 204）

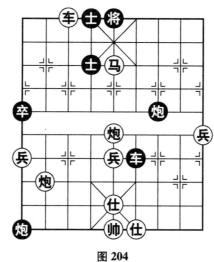

图 204

第 103 局　　陈新全胜麦昌幸

1. 兵七进一　炮 2 平 3　　　　**2.** 炮二平五　炮 8 平 5

3. 马二进三　马 8 进 7

4. 车一平二　马 2 进 1

5. 炮八平六　车 9 进 1

6. 马八进七　车 9 平 4

7. 仕六进五　车 1 平 2

8. 车二进四　车 4 进 5

9. 马七进六　士 4 进 5

10. 马六进五　马 7 进 5

11. 炮五进四　炮 3 平 2

12. 相七进五　炮 2 进 7（图 205）

13. 车二平四　车 4 平 3

14. 兵三进一　车 2 进 8

15. 车四平六　卒 1 进 1

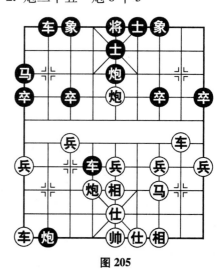

图 205

16. 车六进四　马1进2　17. 马三进四　车3平5
18. 车六平七　象3进1　19. 车七退二　马2进4?
20. 马四进六!　炮2平6　21. 炮六退二　车5退2
22. 车七平六　炮6退8　23. 车九平七　车5退1?
24. 车六平五　马4进6　25. 仕五进四　马6进4
26. 炮六进一　车2平4　27. 车七平六!　车4进1
28. 帅五平六　炮6进5　29. 帅六进一　炮5平4
30. 帅六平五　炮6平8　31. 马六进八　炮4平2
32. 车五退三　炮8进2　33. 马八进六　将5平4
34. 马六退四　马4进6　35. 车五平六　炮2平4
36. 马四进六　士5进4　37. 车六进四　将4平5
38. 车六平二　炮8平9　39. 车二退四!　象7进5
40. 车二平八　马2退4
41. 车八平六　马4进2
42. 帅五退一　士6进5
43. 相五退七　象1退3
44. 相三进五　炮9进1
45. 仕四退五　炮9退1
46. 帅五平四　卒9进1
47. 帅四进一!　卒7进1
48. 兵三进一　象5进7
49. 车六平八　马2退1
50. 车八平九　象3进5
51. 车九进二　炮9平8
52. 车九进四　士5退4
53. 车九退三　(图206)

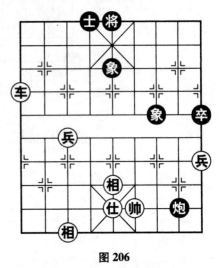

图206

第104局　许银川胜郑一泓

1. 兵七进一　炮2平3　2. 炮二平五　炮8平5
3. 马二进三　马8进7　4. 车一平二　马2进1
5. 马八进七　车1平2　6. 车九平八　车2进4
7. 炮八平九　车2进5　8. 马七退八　车9进1（图207）
9. 车二进五　卒1进1　10. 马八进七　车9平4

· 114 ·

11. 炮五平四　炮3进3

12. 相七进五　炮3进1

13. 兵三进一　炮5平3

14. 马三进四　象7进5

15. 车二平九　卒3进1

16. 仕六进五　马1进3?

17. 车九进三　车4进4

18. 马四进三　士6进5

19. 车九平七　后炮平1

20. 炮四进一!　卒3进1

21. 炮四平七　卒3进1

22. 炮九进五　马3退1

23. 车七退五　车4退1

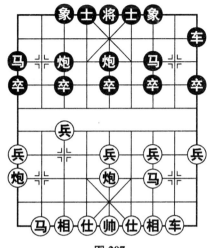

图 207

24. 兵九进一　车4平8

26. 车七平八　马1进2

28. 车八退一　马4退3

30. 马三进一!　车1平6

32. 车一平二　马8进6

34. 兵一进一　马3进4

36. 兵一进一　将5平6

38. 马七进六!　车6平5

40. 车六进一　象5进7

42. 兵一平二　车6退1

43. 兵二平三　将6进1

44. 马三退一　将6退1

45. 车四平七　马8进7

46. 马四进三　将6平5

47. 马一进三　将5平6

48. 车七平一　士5进4

49. 车一进三　将6进1

50. 车一平六　车6平4

51. 前兵平四　车4退2

52. 前马退一　将6平5

53. 车六平四（图208）

25. 车七进四　马7退6

27. 兵九进一　马2退4

29. 车八平五　车8平1

31. 车五平一　马6进8

33. 车二退一　车6进2

35. 车二平六　马4进6

37. 马一进三　前马进8

39. 马六进四　车5平8

41. 车六平四　车8平6

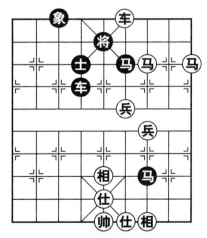

图 208

第 105 局　林宏敏负柳大华

1. 兵七进一　炮2平3

2. 炮二平五　炮8平5

3. 马二进三　马8进7

4. 马八进七　马2进1

5. 马七进八　车9平8

6. 车一进一　车8进5

7. 车一平六　士6进5

8. 相七进九　车8进1（图209）

9. 炮八进一　卒1进1

10. 车九进一　车8退1

11. 炮八退三　车8退1

12. 车六进七　马1进2

13. 车九平六　卒1进1

14. 兵九进一　车1进5

15. 马八退七　车1退5

16. 后车进二　卒3进1

17. 前车平八　卒3进1

18. 炮八平九　卒3进1

19. 炮九进九　卒3平4

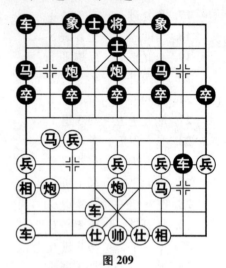

图 209

20. 车八进一　将5平6

21. 仕六进五　卒4平3

22. 车八平七　将6进1

23. 马七进九　炮3平4

24. 马九进八　车8平2

25. 车七退六　车2平1

26. 炮九平三　车1进3

27. 炮三退三　车1进2

28. 仕五退六　车1退4

29. 仕四进五　将6退1

30. 炮五平七　车1平6

31. 车七进二　车6退2

32. 炮三退二　车6进1

33. 车七进一？车6进1

34. 相三进五　炮4进2!

35. 车七退二　马7进8

36. 炮三进一　车6平3

37. 相五进七　马8进9!

38. 马三进一　炮5平4

39. 相七退五　炮4平5!

40. 炮三平四　后炮进3

41. 帅五平四　后炮平9

42. 炮四退四　卒5进1

43. 炮七进七　将6进1

44. 炮七退三　炮5退1

45. 兵三进一　卒5进1

46. 兵三进一　炮5平3

47. 炮四进四　士5进4

48. 兵三进一　卒9进1

49. 兵三平四　将6平5

50. 炮四平八 炮9平6	**51.** 仕五进六 炮6退2
52. 兵四平五 炮3平5！	**53.** 兵五平六 卒9进1
54. 兵六进一 卒9平8	**55.** 炮八退一 卒8平7
56. 炮七进二 将5平6	**57.** 帅四平五 炮6平5（图210）

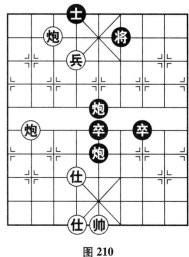

图 210

第106局 聂铁文胜谢业枧

1. 兵七进一 炮2平3	**2.** 炮二平五 炮8平5

3. 马二进三 马8进7

4. 车一平二 马2进1

5. 马八进七 车1平2

6. 车九平八 车2进4

7. 炮八平九 车2进5

8. 马七退八 车9进1（图211）

9. 车二进五 车9平4

10. 炮九进四 士4进5

11. 相七进九 象7进9

12. 车二平八 卒7进1

13. 兵九进一 车4进4

14. 仕六进五 卒7进1

15. 马八进七 车4平6

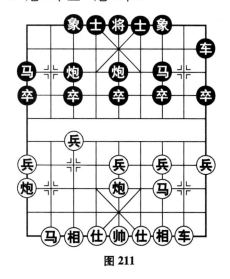

图 211

16. 兵三进一　车6平7

17. 马三退一　车7进3

18. 车八平六！　炮3平4

19. 马一进二　车7退2

20. 马二退一　车7平9

21. 马一进三　车9平7

22. 马三退一　车7进2

23. 马一进二　车7退2

24. 马二退一　车7进2

25. 马一进二　车7进1

26. 马二退四　车7退3

27. 兵九进一　车7平6

28. 兵九平八　炮5进4

29. 马七进五　车6平5

30. 相九退七　车5退2

31. 车六退二！　炮4平5

32. 马四进三　车5平7

33. 炮五进五　象3进5

34. 相七进五　马7退8

35. 兵七进一！　卒3进1

36. 兵八进一　卒5进1

37. 车六进三　卒5进1

38. 兵八进一　卒5平6

39. 马三退二　车7进3

40. 马二退三　象5退3

41. 车六平七　车7平5

42. 车七进三　士5退4

43. 兵八平九　车5平1

44. 炮九平六　车1进2

45. 炮六退六　车1退7

46. 车七退四　马8进6

47. 车七平四　马6进7

48. 车四进一　马7进9

49. 车四退二　马9进8

50. 车四平五　士4进5

51. 马三进二　车1进5

52. 马二退四　卒9进1

53. 车五退一　马8退7

54. 马四进三　车1退3

55. 炮六进二　车1进5

56. 仕五退六　车1退2

57. 仕四进五　卒9进1

58. 马三进四　车1退4

59. 马四进五（图212）

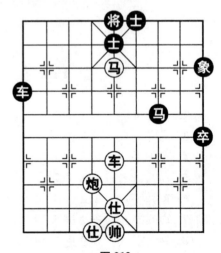

图212

118

第三章　顺炮先跳边马

第 107 局　阎文清胜刘振文

1. 兵七进一　炮 2 平 3	2. 炮二平五　炮 8 平 5
3. 马二进三　马 2 进 1	4. 炮八平六　车 9 进 1（图 213）
5. 车一平二　车 9 平 4	6. 仕六进五　马 8 进 7
7. 马八进七　车 1 平 2	8. 车二进四　车 4 进 5
9. 马七进六　士 4 进 5	10. 马六进五　马 7 进 5
11. 炮五进四　炮 3 平 2	12. 相七进五　炮 2 进 4
13. 炮六平八！车 2 平 1？	14. 车九平六！车 4 进 3
15. 帅五平六　车 1 进 1	16. 车二平六！炮 2 退 6
17. 兵三进一　车 1 平 3	18. 车六进一（图 214）

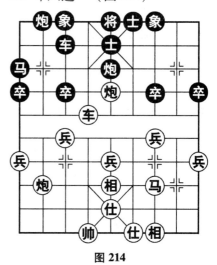

图 213　　　　　　　　　　图 214

第108局　王斌负罗忠才

1. 兵七进一　炮2平3　　　2. 炮二平五　炮8平5
3. 马二进三　马2进1　　　4. 车一平二　车1平2（图215）
5. 马八进七　卒3进1　　　6. 车二进五　卒5进1
7. 车二退一　马8进7　　　8. 马三退五?　车9进1
9. 车九平八　车9平6　　　10. 兵七进一　士6进5
11. 炮八进六　车6进7!　　12. 相三进一　将5平6
13. 车二退四　卒7进1　　　14. 车八进六　马1退3!
15. 车八平三　车2进1　　　16. 兵七进一　炮3平4
17. 炮五平二　卒5进1　　　18. 炮二进七　象7进9
19. 马五进六　卒5平4　　　20. 仕四进五　卒4进1
21. 马七进六　车2进7!（图216）

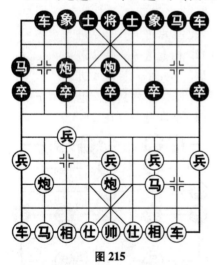

图215

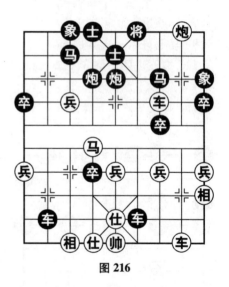

图216

第109局　许银川胜张江

1. 兵七进一　炮2平3　　　2. 炮二平五　炮8平5
3. 马二进三　马2进1　　　4. 马八进七　马8进7
5. 车一平二　车1平2　　　6. 车九平八　车9进1
7. 车二进五　车2进6　　　8. 马七进六　车9平4（图217）

9. 炮八平六! 车2进3	10. 炮六进六 车2平3
11. 马六进四 车3退4	12. 马四进二! 车3平6
13. 兵三进一 车6退4	14. 炮六退二 炮5平4
15. 炮六平三 象3进5	16. 兵三进一 象7进9
17. 车二退一 象5进7	18. 马三进四 士4进5
19. 仕六进五 炮3平2?	20. 炮五平四! 炮2进3
21. 马四进六 炮2退4	22. 炮三平四! (图218)

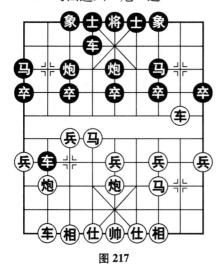

图217

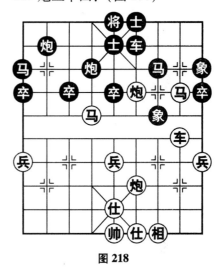

图218

第110局　金松负陶汉明

1. 兵七进一 炮2平3	2. 炮二平五 炮8平5
3. 马二进三 马2进1	4. 炮八平六 马8进7
5. 车一平二 车9进1	6. 马八进七 车9平4
7. 仕六进五 车1平2	8. 车二进四 车4进5
9. 车二平六 车2进6	10. 兵三进一 士6进5 (图219)
11. 兵九进一 车4平3	12. 相七进九 炮3进3!
13. 马七退六 炮3退1	14. 车九进一 炮5进4
15. 马三进五 车3平5	16. 车九平七 象7进5
17. 车六进一 车5退1	18. 车七平六 车5平1
19. 炮六平七? 车1平7	20. 前车进三 车2平5
21. 后车进四 车7进4	22. 炮七平八 车7退5! (图220)

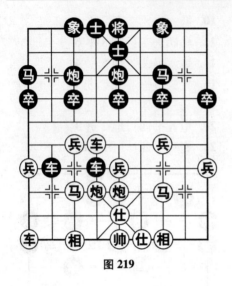

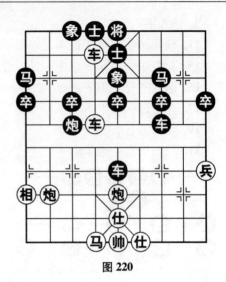

图 219　　　　　　　　　　图 220

第 111 局　　孟昭忠胜栗新

1. 兵七进一　炮2平3	2. 炮二平五　炮8平5
3. 马二进三　马2进1	4. 马八进七　车1平2
5. 车九平八　马8进7	6. 车一平二　车9进1
7. 炮八进四　卒3进1	8. 车二进四　卒7进1（图221）
9. 炮八平七　车9平2？	10. 车八进八　车2进1

11. 炮七进三！士4进5

12. 炮七退四　炮5平4

13. 马七进六　炮4进2

14. 相七进九　象7进5

15. 马六进四！炮4进3

16. 马四进五　士5进4

17. 车二进三　炮3平5

18. 车二平三　马1退3

19. 炮五进四　士4退5

20. 仕四进五　车2进2

21. 车三退一　炮4平2

22. 车三平四　将5平4

23. 炮五平七！（图222）

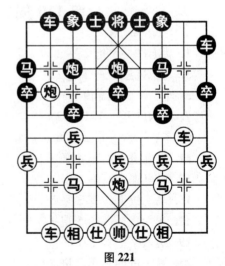

图 221

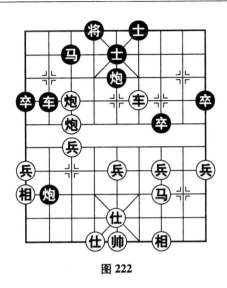

图 222

第 112 局　袁洪梁胜于红木

1. 兵七进一　炮 2 平 3	2. 炮二平五　炮 8 平 5
3. 马二进三　马 2 进 1	4. 炮八平六　车 1 平 2
5. 马八进七　车 2 进 6	6. 车一平二　马 8 进 7
7. 车九平八　车 2 平 3	
8. 相七进九　卒 7 进 1 （图 223）	
9. 车八进五　士 6 进 5	
10. 仕六进五　象 7 进 9	
11. 车二进六　车 9 平 8	
12. 车二平三　车 8 进 2	
13. 车八平六　卒 1 进 1	
14. 兵三进一　卒 3 进 1	
15. 兵七进一　卒 7 进 1	
16. 车三退二　车 8 进 2	
17. 马三进四！车 3 退 2	
18. 马七进八！车 3 平 2	
19. 车六平二　马 7 进 8	
20. 马四进六！炮 3 退 1	21. 炮六平八　车 2 平 3
22. 炮五进四　马 1 进 3	23. 车三进二　马 3 退 4？

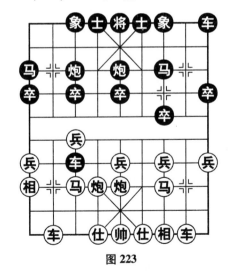

图 223

24. 马六进五！（图 224）

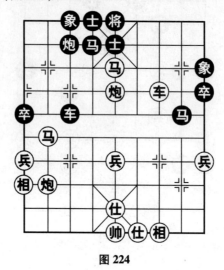

图 224

第 113 局　李雪松负阎文清

1. 兵七进一　炮 2 平 3　　　　　**2.** 炮二平五　炮 8 平 5

3. 马二进三　马 2 进 1　　　　　**4.** 炮八平六　车 1 平 2

5. 马八进七　车 2 进 6

6. 车一平二　马 8 进 7（图 225）

7. 车二进六　车 2 平 3

8. 车二平三　炮 5 平 4

9. 兵九进一　卒 3 进 1

10. 兵七进一　象 7 进 5

11. 仕六进五　士 6 进 5

12. 兵九进一　卒 1 进 1

13. 车九进五　车 9 平 6

14. 车三退二　炮 3 退 1！

15. 车九退三　车 3 退 2

16. 车三平八　马 1 进 2

17. 车九进四？炮 3 进 6！

18. 炮五平七　车 3 进 3　　　　　**19.** 车八进一　车 3 进 2

20. 炮六退二　车 3 退 2　　　　　**21.** 炮六进二　车 3 进 2

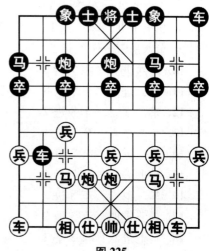

图 225

22. 炮六退二　车 3 退 2　　　　**23.** 炮六进二　车 6 进 8

24. 车八平六?　车 6 平 7　　　　**25.** 炮六进五　士 5 进 4（图 226）

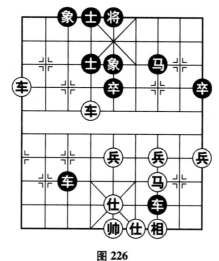

图 226

第 114 局　林宏敏胜胡容儿

1. 兵七进一　炮 2 平 3　　　　**2.** 炮二平五　炮 8 平 5

3. 马二进三　马 2 进 1　　　　**4.** 马八进七　车 1 平 2

5. 车九平八　马 8 进 7　　　　**6.** 车一平二　车 9 进 1

7. 炮八进四　车 9 平 4

8. 车二进四　车 4 进 5

9. 马七进六　士 4 进 5

10. 兵七进一　卒 3 进 1

11. 炮八平三　马 7 退 8

12. 车八进九　炮 3 进 7

13. 仕六进五　马 1 退 2（图 227）

14. 马六进四　马 8 进 9

15. 炮三退一　炮 5 平 1

16. 车二平八　马 2 进 3

17. 兵三进一　炮 1 进 4

18. 车八退四　炮 3 退 4

19. 炮三进二!　车 4 退 2

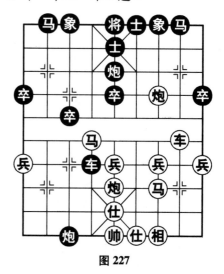

图 227

20. 马四进二　象7进5
21. 马三进四　车4平8
22. 炮五平三！将5平4？
23. 车八平六　士5进4
24. 车六进七　将4平5
25. 马二进四　将5进1
26. 帅五平六！将5平6
27. 后炮平四（图228）

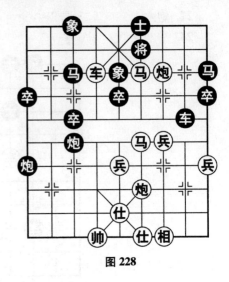

图 228

第 115 局　钱洪发胜徐永嘉

1. 兵七进一　炮2平3
2. 炮二平五　炮8平5
3. 马二进三　马2进1
4. 炮八平六　马8进7
5. 车一平二　车1平2
6. 马八进七　车2进6
7. 仕六进五　车2平3
8. 相七进九　卒7进1（图229）
9. 车九平八　士6进5
10. 车八进五　象7进9
11. 车二进六　车9平8
12. 车二平三　车8进6
13. 兵三进一　车8平7
14. 兵三进一　炮5平4
15. 车八平六！炮4进5？
16. 车三进一　士5进4
17. 车三退一　炮4平7
18. 车六进二　马1退3
19. 车三平五　马3进5
20. 车五平六！将5平6
21. 炮五进五　炮7退3
22. 前车进二　将6进1
23. 相三进五　炮7退3

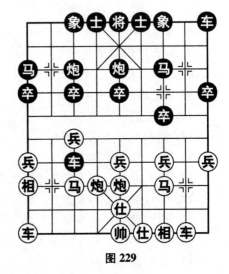

图 229

24. 前车平七　车 3 进 1	25. 车六进三　车 3 平 1
26. 帅五平六　炮 7 退 1	27. 车七退一　将 6 进 1
28. 车七平五（图 230）	

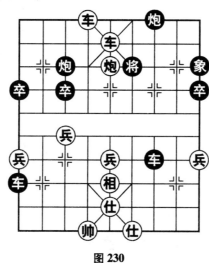

图 230

第 116 局　刘殿中胜陈孝坤

1. 兵七进一　炮 2 平 3	2. 炮二平五　炮 8 平 5
3. 马二进三　马 2 进 1	4. 马八进七　卒 3 进 1

5. 马七进六　卒 3 进 1

6. 马六进五　车 1 平 2（图 231）

7. 车九平八　炮 3 进 1

8. 车一平二　车 2 进 5

9. 车二进八！士 4 进 5

10. 兵三进一　卒 3 进 1

11. 马三进四　卒 3 进 1

12. 马四进六！车 2 进 1

13. 马六进五　象 3 进 5

14. 马五退六　炮 3 进 2

15. 马六退七　炮 3 退 4

16. 车二退三　车 2 平 3

17. 马七退五　车 3 平 2

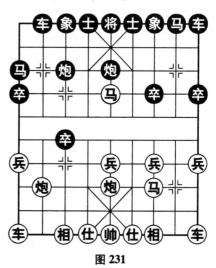

图 231

18. 车二平六　马1进3
19. 车六进一　马3进2
20. 车八进一　炮3进2
21. 炮五平四!　车9进2?
22. 炮四进一　车2平5
23. 炮八平二　车9平6
24. 车八进三　车6进4
25. 车六平七　车6进1
26. 炮二进六　车5退2
27. 相七进五　车5平6
28. 炮二退八（图232）

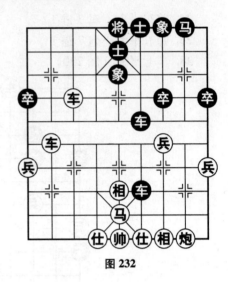

图 232

第 117 局　许波胜陈信安

1. 兵七进一　炮2平3
2. 炮二平五　炮8平5
3. 马二进三　马2进1
4. 车一平二　车1平2
5. 马八进七　马8进7
6. 车九平八　车2进3
7. 马七进六　车9进1
8. 车二进六　车9平6（图233）
9. 车二平三　车6进4
10. 马六进五　马7进5
11. 炮五进四　士4进5
12. 相七进五　卒3进1
13. 兵七进一　车6平4
14. 兵七进一!　车2平3
15. 炮八进六　将5平4?
16. 仕六进五　车3平4
17. 炮八平九　炮3进5
18. 炮九进一　将4进1
19. 炮五平四　炮5平6
20. 马三退一　炮3退4

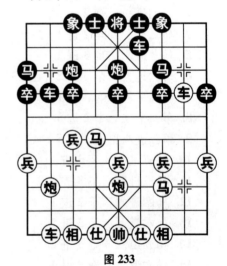

图 233

21. 车八进六　炮3进5
22. 炮四平一!　后车平7
23. 车八平三　炮3平9

24. 炮一退五　马 1 退 3　　　　25. 车三平九　炮 6 平 2？

26. 车九进二！炮 2 进 7　　　　27. 车九平七　将 4 进 1

28. 仕五进六（图 234）

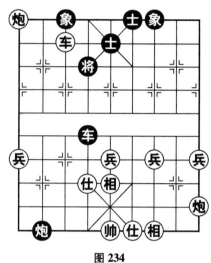

图 234

第 118 局　杨剑负孙浩宇

1. 兵七进一　炮 2 平 3　　　　2. 炮二平五　炮 8 平 5

3. 马二进三　马 2 进 1　　　　4. 车一平二　车 1 平 2

5. 马八进七　马 8 进 7

6. 车九平八　车 2 进 4

7. 炮八平九　车 2 进 5

8. 马七退八　车 9 进 1

9. 马八进七　卒 3 进 1

10. 车二进四　车 9 平 2（图 235）

11. 马三退五　车 2 进 7！

12. 炮五平三　卒 5 进 1

13. 相三进五　炮 3 退 1

14. 兵七进一　马 7 进 5

15. 炮三退一　车 2 退 2

16. 兵七平六　马 5 退 3

17. 兵六平五　马 1 进 3

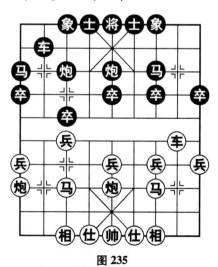

图 235

18. 车二平七　车2退4
19. 前兵平四　前马进5
20. 车七平六　马3进2!
21. 车六平四　马5退3
22. 炮九进四　车2平4
23. 炮九平三　马2进4
24. 马七进六　马3进4
25. 前炮平二　将5进1
26. 炮二退四?　炮3进4!
27. 车四平五　炮3平5
28. 兵五进一　马4进2
29. 马五进七　车4进4（图236）

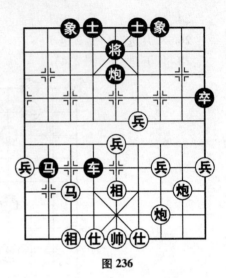

图 236

第 119 局　李鸿嘉胜邬正伟

1. 兵七进一　炮2平3
2. 炮二平五　炮8平5
3. 马二进三　马2进1
4. 车一平二　车1平2
5. 马八进七　马8进7
6. 车九平八　车9进1
7. 车二进五　车2进6
8. 马七进六　车9平4（图237）
9. 炮八平六　车2平4
10. 仕六进五　前车进1
11. 仕五进六　车4进4
12. 仕六退五　士4进5
13. 炮五平八　车4平3
14. 炮八进六　炮5平4
15. 相七进五　车3平4
16. 兵三进一　炮4平6
17. 车二平八　卒3进1
18. 后车平六　车4进4
19. 仕五退六　卒1进1
20. 车八平九　马1进3?
21. 炮八进一　士5退4
22. 车九进一!　炮6进1
23. 车九进二　炮6退1

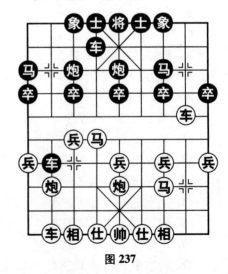

图 237

24. 马三进四 士6进5   **25.** 马四进五！炮3平5

26. 马五退七 马3退1   **27.** 兵五进一 炮5平3

28. 马七进五 马1进2   **29.** 车九平七 象7进5

30. 马五进三（图238）

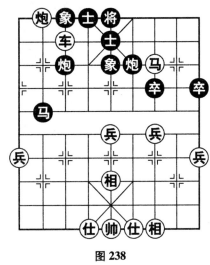

图238

第120局 李来群胜郭长顺

1. 兵七进一 炮2平3   **2.** 炮二平五 炮8平5

3. 马二进三 马2进1

4. 马八进七 车1平2

5. 车九平八 卒3进1

6. 马七进六 卒3进1（图239）

7. 马六进五 炮3退1

8. 炮八进五 车9进2

9. 车一平二 马8进7

10. 马五退七 炮5进5？

11. 马七进六！炮3平4

12. 相三进五 士4进5

13. 马六进八！车2进1

14. 炮八平五 象7进5

15. 车八进八 炮4进6

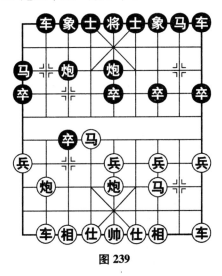

图239

16. 相五进七　马7进5

17. 兵三进一　马1进3

18. 车八退二　马5进4

19. 兵五进一　炮4平6

20. 仕四进五　炮6退4

21. 车八退一　炮6退2

22. 车二进六　车9平7

23. 马三进二　士5进4

24. 车八平四　炮6平3

25. 相七进五　炮3平2

26. 车四平六　炮2进8

27. 相五退七　炮2退6

28. 车六平八　炮2退2

29. 兵三进一！炮2平3

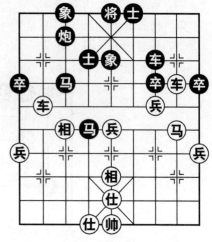

图 240

30. 相七进五（图 240）

第 121 局　金波胜李景林

1. 兵七进一　炮2平3　　2. 炮二平五　炮8平5

3. 马二进三　马2进1　　4. 炮八平六　马8进7

5. 车一平二　车9进1　　6. 马八进七　车9平4

7. 仕六进五　车1平2　　8. 车二进四　车4进5

9. 马七进六　士4进5

10. 马六进五　马7进5

11. 炮五进四　车4退3

12. 炮五退二　炮3进3（图241）

13. 车二进五　车2进6?

14. 车二平三　炮3进1

15. 相七进五　炮3平7

16. 车三平二　卒7进1

17. 相三进一　炮7平6

18. 车二退四　车4平7

19. 炮六进六　卒7进1

20. 车二进二　车2退4

21. 相一进三　车7进2

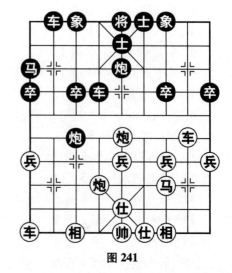

图 241

22. 车二退四　车7进2
23. 车二平四　车7退4
24. 车九平六　卒1进1
25. 炮六退三　车7进1
26. 炮六进一　车7退1
27. 炮六平四　车2进4
28. 炮四进一!　马1进2
29. 炮四平一　车7退3
30. 车四进三　车2平3
31. 车六进八!（图242）

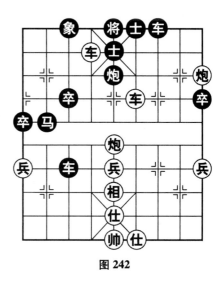

图 242

第122局　徐天红负赵庆阁

1. 兵七进一　炮2平3
2. 炮二平五　炮8平5
3. 马二进三　马2进1
4. 车一平二　车1平2
5. 马八进七　卒3进1
6. 车二进四　马8进7（图243）
7. 车九平八　车9平8
8. 车二进五　马7退8
9. 马七进六　车2进5
10. 炮五进四　士4进5
11. 相七进五　卒3进1
12. 炮五退二　车2退2
13. 炮五平七　炮3平2!
14. 马六退七　炮2进5
15. 炮七平八　马8进7
16. 车八进二　马1进3
17. 车八退二　卒7进1
18. 炮八进一　象7进9

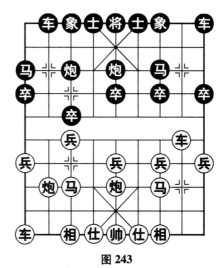

图 243

19. 仕四进五　马7进6
20. 兵三进一　卒7进1
21. 相五进三　马3进4!
22. 炮八平五　马4进2!
23. 车八进一?　马2进4

24. 车八平六　马4退6
25. 炮五退一　后马退8
26. 相三进一　马8退6
27. 仕五进四　后马进7!
28. 马七退五　马7进5
29. 兵五进一　车2进4
30. 马三进四　车2平6
31. 马四进三　车6平8（图244）

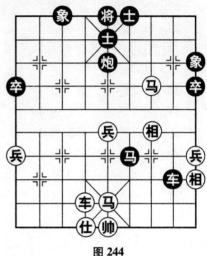

图 244

第 123 局　吕钦胜陈信安

1. 兵七进一　炮2平3	2. 炮二平五　炮8平5
3. 马二进三　马2进1	4. 马八进七　马8进7
5. 车一平二　车1平2	6. 车九平八　车9进1
7. 炮八进四　卒3进1	
8. 炮八平七　车2进9（图245）	
9. 炮七进三　士4进5	
10. 马七退八　卒3进1	
11. 车二进五　士5进4	
12. 车二平六　车9平3	
13. 炮七退二　车3进1	
14. 兵三进一　象7进9	
15. 马三进四　卒3进1	
16. 马四进三　炮5进4	
17. 仕四进五　马1进3	
18. 相七进九　马3进2	
19. 车六退一　马2进4	
20. 马八进六　马4进3	21. 帅五平四!　卒3平4
22. 马三进一　车3退1	23. 兵三进一　车3平6

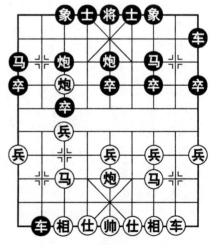

图 245

24. 炮五平四　车6平9
25. 马一退三　炮5平6
26. 炮四平五　卒4平5
27. 马六进五　马3退5
28. 相三进五　士6进5
29. 马五进四!　马7退8?
30. 兵三平二　炮6平5
31. 马四进二!（图246）

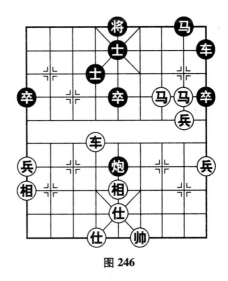

图 246

第 124 局　李鸿嘉胜李望祥

1. 兵七进一　炮2平3
2. 炮二平五　炮8平5
3. 马二进三　马2进1
4. 马八进七　车1平2
5. 车九平八　马8进7
6. 车一平二　卒3进1（图247）
7. 车二进五　卒5进1
8. 车二平五　马1进3
9. 车五平六　卒3进1
10. 炮八平九　车2进9
11. 马七退八　马3进2
12. 车六进七!　马2进1
13. 马八进九　炮3平4?
14. 车七进四　车9平8
15. 车七退五　卒7进1
16. 马九进七　炮5进5
17. 相七进五　士6进5
18. 兵三进一　车8进7

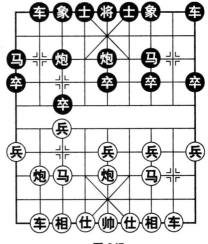

图 247

19. 马三进四　卒7进1
20. 马四进六　卒7平8
21. 车七进二　马7进6
22. 车七平三　象7进9
23. 马六进四　炮4退1

24. 马七进六　马 6 进 4

25. 相五进七　车 8 退 1

26. 兵五进一　车 8 平 9

27. 车三进一　马 4 进 3

28. 车三平一　马 3 退 1

29. 相七退九　马 1 退 2

30. 马六进五！车 9 平 7

31. 车一进二（图 248）

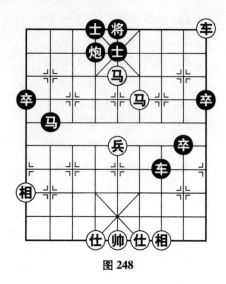

图 248

第 125 局　李来群胜罗忠才

1. 兵七进一　炮 2 平 3	2. 炮二平五　炮 8 平 5
3. 马二进三　马 2 进 1	4. 马八进七　车 1 平 2
5. 车九平八　卒 3 进 1	6. 马七进六　卒 3 进 1
7. 马六进五　炮 3 进 1	
8. 车一进一　车 9 进 1（图 249）	

9. 车一平八　车 2 进 4

10. 仕六进五　卒 1 进 1

11. 兵三进一　车 9 平 4

12. 炮八平九　车 2 进 4

13. 车八进一　车 4 进 2

14. 马五退四　马 8 进 7

15. 炮九进三　炮 3 进 1

16. 马三进二　炮 5 进 5

17. 相七进五　卒 3 进 1

18. 马二进三　马 7 进 5？

19. 马三退五！士 6 进 5

20. 车八进六　象 7 进 5

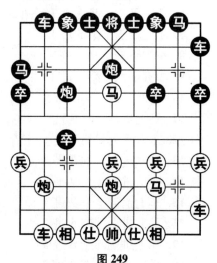

图 249

21. 马四进三　卒 3 进 1

22. 马三进五！象 3 进 5

23. 车八平九　卒 3 进 1

24. 车九平五　车4平2
25. 仕五退六　卒3平4
26. 炮九进四　车2退3
27. 车五退一　炮3进5?
28. 仕六进五　炮3平1
29. 马五退七！炮1退9
30. 车五平八　车2平3
31. 车八退五（图250）

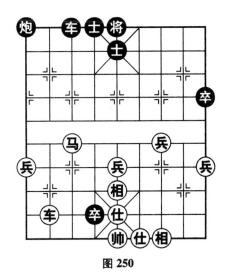

图 250

第126局　李家华胜邱东

1. 兵七进一　炮2平3	2. 炮二平五　炮8平5
3. 马二进三　马2进1	4. 炮八平六　马8进7
5. 车一平二　车9进1	6. 马八进七　车1平2
7. 马七进六　车9平6	
8. 车二进六　车6进2（图251）	

9. 仕六进五　车2进5
10. 相七进九　卒3进1
11. 车九平七　卒1进1
12. 车二退一　卒3进1
13. 车七进四　车2平3
14. 相九进七　车6进2
15. 车二平六！士6进5
16. 相七退九　马1进3
17. 马六进八　炮3退1
18. 车六进一　马3进2
19. 车六平七　炮3平1
20. 车七进三　炮1进5

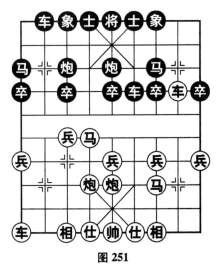

图 251

21. 车七退六　炮1退1?
22. 车七平八　炮5平2
23. 炮六平八！马2进4

24. 车八平六　炮2进5
25. 炮五平七！象7进5
26. 炮七进五　车6平2
27. 车六进五　将5平6
28. 炮七进二　将6进1
29. 马八进七　将6进1
30. 马七退五！炮2进2
31. 炮七退二　士5进4
32. 车六退一（图252）

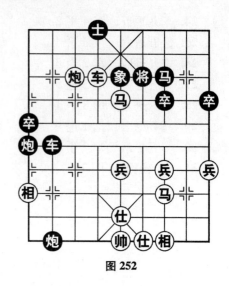

图252

第127局　张影富负胡容儿

1. 兵七进一　炮2平3
2. 炮二平五　炮8平5
3. 马二进三　马2进1
4. 马八进七　车1平2
5. 车九平八　马8进7
6. 车一平二　车2进3
7. 炮八平九　车2进6
8. 马七退八　车9进1
9. 车二进四　车9平2
10. 马八进七　卒3进1（图253）

11. 马七进六　卒3进1
12. 马六进四　炮3进7
13. 仕六进五　炮3平1
14. 仕五进六　马1进3
15. 车二平七　马3进5
16. 车七进五　车2进8
17. 帅五进一　车2退1
18. 帅五退一　马5进6！
19. 炮五平四　卒7进1！
20. 马四进五　象7进5
21. 车七退六　车2进1
22. 帅五进一　车2退4
23. 相三进一　马7进6

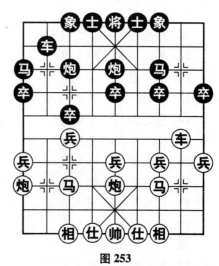

图253

138

24. 帅五平六　后马进7

25. 车七平六　马6退5

26. 车六进二?　车2进3

27. 帅六退一　车2退2

28. 仕六退五　马5进4

29. 炮九平六　马4退2

30. 车六退一　车2进3

31. 帅六进一　马7进5!

32. 车六平七　车2退1

33. 帅六退一　马2进1

34. 帅六平五　车2平4（图254）

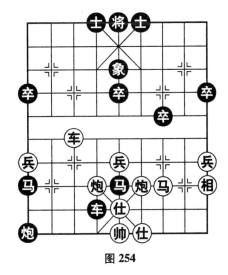

图 254

第128局　陈新全胜胡远茂

1. 兵七进一　炮2平3

2. 炮二平五　炮8平5

3. 马二进三　马2进1

4. 马八进七　车1平2

5. 车九平八　车2进4

6. 车一平二　马8进7

7. 马七进六　车2平4

8. 车二进四　车9平8

9. 车二平四　车8进4

10. 相七进九　卒1进1（图255）

11. 炮八平六　车4平2

12. 车八进五　马1进2

13. 马六进五　马7进5

14. 炮五进四　士4进5

15. 仕四进五　车8平5

16. 炮六平五!　车5平4

17. 兵三进一　马2进3

18. 后炮平六　象3进1

19. 帅五平四　炮3退2

20. 车四进二　卒7进1

21. 马三进四　车4平5

22. 马四进三!　车5进2

23. 兵三进一　炮3平2

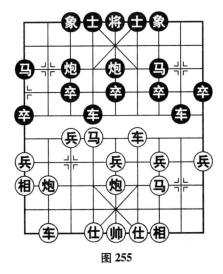

图 255

24. 相九退七　将5平4
25. 炮五平六　将4平5
26. 前炮平五　将5平4
27. 炮五退一！车5平7
28. 车四平六　将4平5
29. 马三进二　车7平6
30. 帅四平五　马3退5
31. 炮六平三　马5进6
32. 帅五平四　马6进7
33. 帅四平五　马7退6
34. 帅五平四　马6退4
35. 帅四平五（图256）

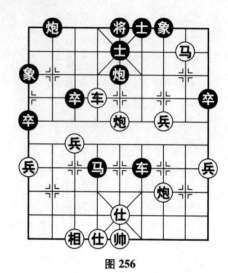

图256

第129局　金波胜谢业枧

1. 兵七进一　炮2平3	2. 炮二平五　炮8平5
3. 马二进三　马2进1	4. 炮八平六　车1平2
5. 马八进七　车2进6	6. 车一平二　马8进7

7. 车二进六　卒7进1
8. 车二平三　车2平3（图257）
9. 兵九进一　车9进1
10. 车九进三　车3平1
11. 马七进九　车9平4
12. 仕六进五　车4进3
13. 兵三进一　象7进9
14. 兵三进一　车4平7
15. 炮六进四！炮3退1
16. 车三退一　象9进7
17. 炮六平九　炮3平7
18. 相三进一　马1退3
19. 兵九进一　士6进5
20. 马九退七　炮5平3
21. 马七进六　象7退5
22. 马三进二　炮3进3
23. 马六进五　马7进8

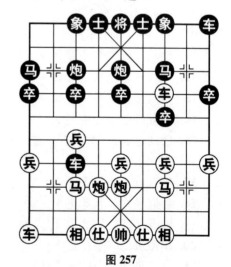

图257

24. 炮五平二! 炮7平8
25. 炮二进三 炮8进4
26. 相七进五 炮3平2
27. 兵九平八 卒9进1
28. 马五退六 卒3进1
29. 炮九平一 卒9进1?
30. 马六进四 炮8进4
31. 相一退三 卒9进1
32. 炮二进三! 马3进1
33. 炮二进一 将5平6
34. 炮一进三 将6进1
35. 马四退二! (图258)

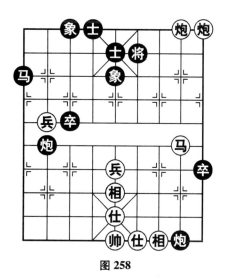

图 258

第 130 局 洪智负陈渔

1. 兵七进一 炮2平3		2. 炮二平五 炮8平5
3. 马二进三 马2进1		4. 马八进七 车1平2
5. 车九平八 卒3进1		6. 马七进六 卒3进1
7. 马六进五 炮3进1		8. 炮八进五 车9进1
9. 车一进一 车9平4		10. 车一平八 车4进2 (图259)

11. 炮八退一 炮3进1
12. 前车进四 炮3退3
13. 炮八进一 卒1进1
14. 前车平七 炮3平5
15. 马五退四 车4进2
16. 马四进六? 前炮进5
17. 相七进五 象7进5
18. 马六进五 象3进5
19. 车七进二 象5退3
20. 车八进六 车4退1
21. 车七平二 车4平2!
22. 车八平四 炮5进1!
23. 车二进二 士4进5

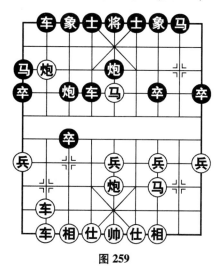

图 259

24. 炮八平六　　前车平 4
25. 炮六退一　　将 5 平 4
26. 仕四进五　　车 2 进 3
27. 炮六平五　　炮 5 平 4
28. 车二退五　　炮 4 进 7！
29. 车二平七　　炮 4 平 1
30. 帅五平四　　象 3 进 5
31. 兵三进一　　车 2 进 6
32. 帅四进一　　车 2 平 7
33. 马三进四　　车 7 退 1
34. 帅四进一　　炮 1 退 2
35. 相五退七　　车 4 进 3
36. 马四退五　　车 7 平 5
37. 相七进九　　车 4 进 1（图 260）

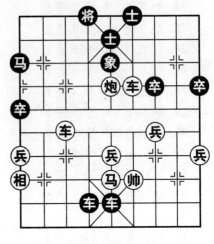

图 260

第 131 局　　陶汉明胜申鹏

1. 兵七进一　　炮 2 平 3
2. 炮二平五　　炮 8 平 5
3. 马二进三　　马 2 进 1
4. 马八进九　　马 8 进 7
5. 车一平二　　车 1 平 2
6. 车九平八　　车 2 进 4（图 261）
7. 炮五进四　　马 7 进 5
8. 炮八平五　　车 2 平 6
9. 炮五进四　　士 6 进 5
10. 相三进五　　卒 1 进 1
11. 炮五退二　　车 6 平 5
12. 车二进四　　炮 5 进 3
13. 兵五进一　　车 5 平 6
14. 车八进三　　象 7 进 5
15. 仕四进五　　车 9 平 6
16. 兵三进一　　卒 3 进 1
17. 兵七进一　　前车平 3
18. 车二退一　　卒 7 进 1
19. 车二平三　　卒 7 进 1
20. 车三进一　　车 6 进 3
21. 车三退一　　马 1 进 2

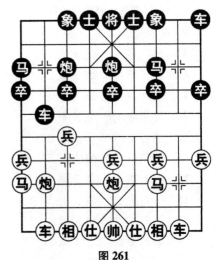

图 261

22. 车三平五　车3平7

23. 兵五进一！车7进3

24. 车八进二　象5进3?

25. 车八平七　车6进5

26. 仕五退四　车7进2

27. 仕六进五　炮3平7

28. 车七进四　车7平8

29. 车五平三　炮7平6

30. 车三进六　士5退6

31. 帅五平六！炮6平4

32. 兵五进一　车6平5

33. 车七平六！将5平4

34. 车三平四　将4进1

35. 兵五进一　车5平7

36. 兵五平六（图262）

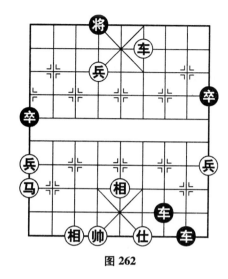

图262

36. 车四退一　将4退1

第132局　王秉国负赵庆阁

1. 兵七进一　炮2平3

2. 炮二平五　炮8平5

3. 马二进三　马2进1

4. 车一平二　车1平2

5. 马八进七　卒3进1

6. 车二进四　马8进7

7. 马三退五　车9进1

8. 兵七进一　车2进6（图263）

9. 车九平八　车9平6

10. 马七进六　车2退1

11. 马五进三　卒7进1

12. 兵三进一?　车2平4！

13. 兵三进一　车4平8

14. 马三进二　车6进4

15. 马二退三　车6平7

16. 兵七平六　炮3进5！

17. 炮五退一　车7退1

18. 炮五平三　车7平4

19. 炮三进六　马1进3

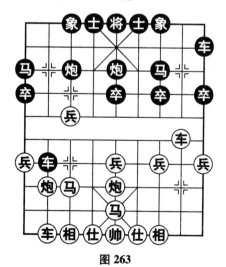

图263

20. 炮八平九　马3进4　　21. 炮三退三　炮3退2！

22. 相七进五　炮3平7　　23. 相五进三　马4进6

24. 炮九平四　炮5进4

25. 车八进三　车4平5

26. 兵一进一　炮5平3

27. 相三进五　车5进3

28. 仕六进五　车5平3

29. 帅五平六　卒5进1

30. 炮四平五　士6进5

31. 马三进五　车3进2

32. 帅六进一　象3进5

33. 马五进六　马6退4

34. 车八进一　车3退1

35. 帅六退一　炮3平8！

36. 炮五平二　马4进6

37. 炮二退一　车3退4（图264）

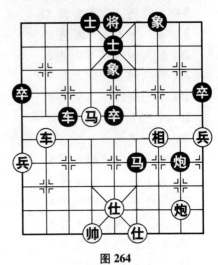

图 264

第133局　龚晓民胜程吉俊

1. 兵七进一　炮2平3　　2. 炮二平五　炮8平5

3. 马二进三　马2进1　　4. 车一平二　车1平2

5. 马八进七　马8进7

6. 车九平八　车2进4

7. 炮八平九　车2进5

8. 马七退八　车9进1

9. 车二进五　车9平6

10. 兵三进一　士6进5（图265）

11. 马八进七　卒7进1

12. 车二平三　象7进9

13. 车三进一　车6进3

14. 兵五进一　马1退3

15. 马七进五　车6平2

16. 炮九平七　炮5平4？

17. 炮七进四！　象3进5？

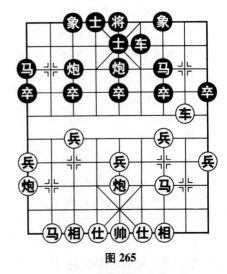

图 265

18. 炮七进二　炮4进1

19. 炮七进一！象5退3

20. 车三进一　炮3进7

21. 仕六进五　炮4进5

22. 马五退七　炮3平1

23. 仕五进六　炮4平8

24. 炮五进四　将5平6

25. 车三平二　车2进5

26. 帅五进一　车2退1

27. 帅五进一　车2平6

28. 车二进二　将6进1

29. 兵三进一　炮1平7

30. 车二退五　士5进6

31. 马三进四　将6平5

32. 炮五平四　车6平3

33. 车二进四　将5退1

34. 车二进一　象9退7

35. 马四进三　炮7退2

36. 炮四退一　车3退1

37. 车二退八（图266）

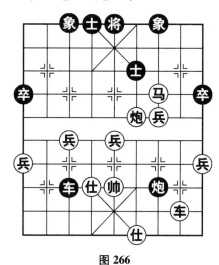

图 266

第 134 局　迟新德负谢业枧

1. 兵七进一　炮2平3

2. 炮二平五　炮8平5

3. 马二进三　马2进1

4. 炮八平六　车1平2

5. 马八进七　马8进7

6. 车一平二　车2进6

7. 兵九进一　车9进1

8. 仕六进五　车9平4

9. 车二进六　炮5退1

10. 车九平八　车2进3

11. 马七退八　卒7进1

12. 车二平三　象7进5（图267）

13. 炮五平四　炮5平7

14. 车三平四　士4进5

15. 相三进五　车4进3

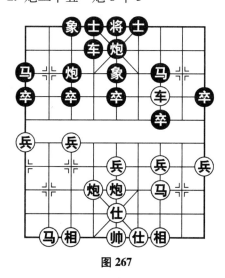

图 267

16. 马八进七　炮3退1　　17. 马三退二　卒3进1

18. 兵七进一　象5进3　　19. 炮六退二　象3退5

20. 马二进四　马1进3　　21. 马四进二　车4进2

22. 车四退二　炮7平8　　23. 兵三进一　马7进8

24. 兵三进一？炮8进6

25. 兵三平二　车4进2！

26. 仕五进六　炮8平5！

27. 相七进九　炮3进6

28. 炮六平七　马3进5

29. 相九进七　马5进4

30. 车四平六　马4进2

31. 炮七平八　车4平6

32. 炮四平三　炮5平6

33. 仕四进五　车6平7

34. 炮三平一　炮6进2！

35. 炮八进一　炮6退1

36. 仕五退四　车7退1

37. 炮一进四　车7退1（图268）

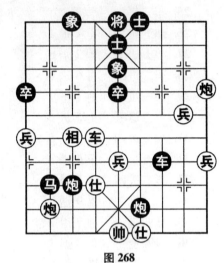

图 268

第135局　蒋全胜胜阎文清

1. 兵七进一　炮2平3

2. 炮二平五　炮8平5

3. 马二进三　马2进1

4. 炮八平六　车1平2

5. 马八进七　车2进6

6. 车一平二　马8进7

7. 车二进六　车2平3

8. 相七进九　车9进1

9. 车二平三　卒1进1

10. 车九平八　车9平6（图269）

11. 兵三进一　车6进5

12. 仕六进五　车6平7

13. 马七退六　士4进5

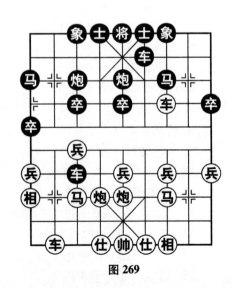

图 269

14. 车三退一　炮5平4　　15. 车三平九　车7退1

16. 车八进八　象7进5　　17. 炮六平八　卒3进1

18. 兵七进一　象5进3　　19. 车九退一　车7退1

20. 马三进四　车3平5　　21. 车八平六　车7平6？

22. 炮八平七　炮3进1　　23. 马四退三　车5退2

24. 炮七进四　马1进3　　25. 车六平七！马3退5

26. 车七进一　炮4退2　　27. 马六进七　车6进2

28. 马三进五　车5平7

29. 车九进一　马5进7

30. 马五进七　车6平3

31. 后马进五　前马进5

32. 马七进五　车3平5

33. 马五退七　车5平2

34. 车九平七　车7进1

35. 后车平六　车7平5

36. 马七进六　士5进4

37. 车六退五　车5进2

38. 相三进五　马7退5

39. 车七平九（图270）

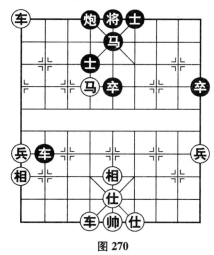

图 270

第 136 局　赵国荣负邱东

1. 兵七进一　炮2平3

2. 炮二平五　炮8平5

3. 马二进三　马2进1

4. 马八进七　马8进7

5. 车一平二　车9进1

6. 马七进六　车1平2

7. 炮八平六　车9平6

8. 车二进六　炮5退1

9. 车二平三　象3进5

10. 兵三进一　车6进7（图271）

11. 马六进五　马7进5

12. 炮五进四　车2进7

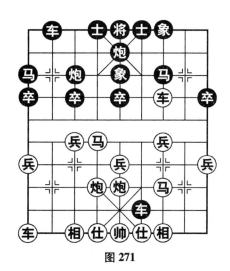

图 271

13. 仕六进五	卒 1 进 1	14. 相七进五	炮 3 平 4
15. 炮六退一	车 6 退 2	16. 炮五平一	马 1 进 2
17. 车三平七	马 2 进 3	18. 炮六平九?	马 3 进 1!
19. 炮九平六	炮 5 平 7	20. 车七平三	车 6 退 5
21. 马三进四	车 6 进 4	22. 车三进二	车 6 平 4!
23. 仕五进六	车 2 平 4	24. 仕四进五	前车平 2
25. 炮六退一	车 2 平 3	26. 炮一平五	象 5 退 3
27. 仕五进六	马 1 进 3		
28. 帅五进一	车 3 平 4		
29. 炮六进四	车 4 进 1		
30. 帅五退一	车 4 退 3		
31. 帅五进一	马 3 进 1		
32. 车三平八	马 1 退 3		
33. 车八退一	车 4 退 2		
34. 炮五退二	车 4 进 3		
35. 兵七进一	炮 4 退 1		
36. 车八进一	炮 4 进 1		
37. 车八退一	炮 4 退 1		
38. 车八进一	将 5 进 1		
39. 炮五平四	车 4 平 5 （图 272）		

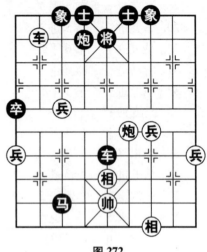

图 272

第 137 局　李日纯胜郑新年

1. 兵七进一	炮 2 平 3	2. 炮二平五	炮 8 平 5
3. 马二进三	马 2 进 1	4. 车一平二	马 8 进 7
5. 马八进七	车 1 平 2	6. 车九平八	车 2 进 6
7. 马七进六	车 9 进 1	8. 兵七进一	车 2 退 1 （图 273）
9. 兵七进一	炮 3 平 4	10. 马六退七	车 2 平 3
11. 兵七平六	炮 4 平 3	12. 马七退五	车 9 平 4
13. 相七进九	车 3 平 3	14. 兵六平五	车 4 进 7?
15. 前兵进一	象 7 进 5	16. 兵三进一	车 3 平 2
17. 车八平七!	车 2 退 1	18. 车七进七	车 2 平 1
19. 车七退七	马 1 进 3	20. 马三进四	马 3 进 4
21. 炮五平一!	车 1 平 6	22. 马五进三	车 6 进 1

23. 炮一退一	车4退1	**24.** 仕六进五	车4平1
25. 炮一进一	车1退1	**26.** 马四进六	象5进3
27. 车二进五	马4进2	**28.** 马三进四	象3进5
29. 车二进二	马7进5	**30.** 马四进五！	马2进3
31. 车七进一	车1进3	**32.** 仕五退六	车6平3
33. 仕四进五	车3平4	**34.** 马五退四	车4退3
35. 炮一进四	车1退3	**36.** 炮一进三	象5退7
37. 炮一退五	士4进5	**38.** 兵三进一	车4进3
39. 兵三进一	车1平2	**40.** 相三进五	卒1进1
41. 车二平七	车4平3	**42.** 炮一平三（图274）	

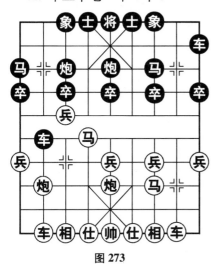

图273

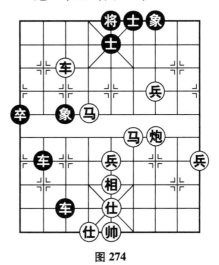

图274

第 138 局　谢岿胜林宏敏

1. 兵七进一	炮2平3	**2.** 炮二平五	炮8平5
3. 马二进三	马2进1	**4.** 车一平二	车1平2
5. 马八进七	卒3进1	**6.** 车二进五	卒7进1（图275）
7. 车二平三	车2进3	**8.** 车三平七	炮5平7
9. 马三退五	象7进5	**10.** 车七平二	炮3进5
11. 马五进七	炮7进7?	**12.** 仕四进五	马8进7
13. 车二退五	炮7退2	**14.** 炮五进四！	马7进5
15. 炮八平三	车2进3	**16.** 车二进四	车2平3

17. 炮三平五　马5退3
18. 车九进二　车9平7
19. 兵五进一　马1进3
20. 兵七进一！车3退2
21. 马七进八　车3进5
22. 马八进六　前马进4
23. 马六进四　士4进5
24. 车二平三　车7进5
25. 兵三进一　士5进6
26. 炮五平二！车3退3
27. 炮二进七　士6进5
28. 马四进二　将5平4
29. 车九平六　马3进2
30. 兵三进一　车3平7
31. 马二进三　将4进1
32. 炮二退四　士5进4
33. 炮二平八　马4退2
34. 马三退四　马2进3
35. 兵五进一　马3退5
36. 车六平七　马5退7
37. 马四退二　马7进6
38. 兵五平四　车7进3
39. 仕五退四　马6进7
40. 帅五进一　车7平6
41. 帅五平六　马7退6
42. 仕六进五　车6平7
43. 车七进六　将4退1

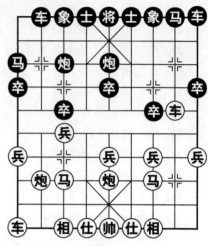

图 275

44. 车七退一（图276）

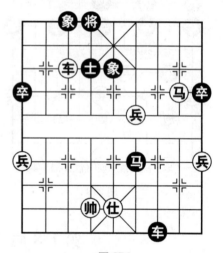

图 276

第 139 局　柳大华胜罗忠才

1. 兵七进一　炮2平3	2. 炮二平五　炮8平5
3. 马二进三　马2进1	4. 马八进七　车1平2
5. 车九平八　卒3进1	6. 马七进六　卒3进1
7. 马六进五　炮3进1	8. 炮八进五　车9进1

9. 车一进一　车9平4

10. 车一平八　车4进2（图277）

11. 炮八退一　炮3进1

12. 马五退四　卒7进1

13. 炮八进二　马1进3

14. 炮八退二　马3退4

15. 前车进四　炮3进5

16. 后车平七　车2进3

17. 车八平三　炮5进5

18. 相三进五　象7进5

19. 车三进三　马4进5

20. 车七进四　马8进9

21. 车三平四　马5进4

22. 仕四进五　车2进4

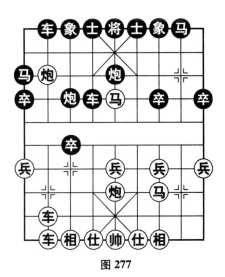

图 277

23. 马四进二！马9进7

24. 车四退二　车2退4

25. 车四退四　士4进5

26. 兵五进一　车2进4

27. 兵三进一　车2退1

28. 马二进四　马7退9

29. 兵三进一！马4进5?

30. 马四退二　车4平8

31. 车四平五　象5进7

32. 车七进五　士5退4

33. 兵五进一！车8进1

34. 兵五平四　士6进5

35. 仕五退四　车8退3

36. 兵四平三　车2平7

37. 车五平六！将5平6

38. 车七平六　士5退4

39. 车六进七　将6进1

40. 车六退一　将6退1

41. 车六平二　车7进1

42. 车二退一　将6进1

43. 车二平一　车7退3

44. 车一进一　将6退1

45. 车一退二（图278）

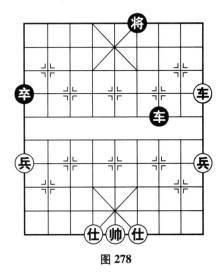

图 278

第 140 局　孙树成负陆玉江

1. 兵七进一	炮 2 平 3	2. 炮二平五	炮 8 平 5
3. 马二进三	马 2 进 1	4. 车一平二	车 1 平 2
5. 马八进七	卒 3 进 1		
6. 车二进五	炮 3 进 1 (图 279)		
7. 兵七进一	炮 3 进 4		
8. 炮五进四	士 6 进 5		
9. 兵七平八	车 2 平 1		
10. 车二平七	马 8 进 7		
11. 炮五退二	炮 3 平 6		
12. 仕六进五	马 7 进 5		
13. 炮五进三	象 3 进 5		
14. 车七平五	炮 6 进 1		
15. 车五进一	车 1 平 3		
16. 炮八平六	马 1 进 3		
17. 车九平八	马 3 进 4		

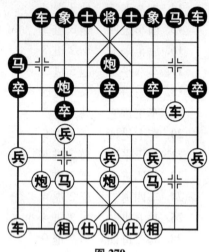

图 279

18. 车五平四？	炮 6 平 7！	19. 相七进五	炮 7 退 2
20. 车四平三	炮 7 平 1	21. 马三进四	马 4 进 3
22. 车八进二	卒 1 进 1	23. 兵五进一	车 9 平 8
24. 兵五进一	车 8 进 5	25. 马四进六	炮 1 进 3
26. 车八平九	车 8 平 1！	27. 车九进二	卒 1 进 1
28. 兵五进一	马 3 进 2	29. 仕五退六	马 2 退 1
30. 相五退七	车 3 进 9	31. 马六进四	车 3 退 1
32. 仕六进五	马 1 进 2	33. 仕五退六	马 2 退 3
34. 仕六进五	车 3 进 1	35. 仕五退六	车 3 平 4
36. 帅五进一	士 5 进 6	37. 兵五进一	象 7 进 5
38. 车三进三	将 5 进 1	39. 车三平六	车 4 平 6
40. 马四进六	将 5 平 6	41. 马六退五	车 6 退 5
42. 车六退四	士 6 退 5	43. 兵八平七	车 6 进 4
44. 帅五进一	马 3 进 4！	45. 炮六退一	车 6 退 1
46. 帅五退一	炮 1 退 1 (图 280)		

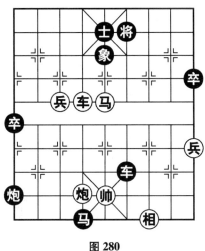

图 280

第 141 局　赵鑫鑫胜谢业枧

1. 兵七进一	炮 2 平 3	2. 炮二平五	炮 8 平 5
3. 马二进三	马 2 进 1	4. 车一平二	马 8 进 7
5. 马八进七	车 1 平 2	6. 车九平八	车 2 进 4
7. 炮八平九	车 2 进 5	8. 马七退八	车 9 进 1
9. 车二进五	卒 1 进 1	10. 炮九进三	车 9 平 6（图 281）

11. 马八进七　车 6 进 5

12. 炮九进一　士 6 进 5

13. 仕六进五　车 6 平 7

14. 车二退三　卒 7 进 1

15. 马七进六　卒 7 进 1

16. 炮九平八　卒 7 平 6

17. 炮八退三　卒 6 进 1

18. 炮八平四　炮 3 平 2

19. 炮四退二　车 7 退 1

20. 马六进五　车 7 平 3

21. 相七进九　车 3 进 2

22. 炮四进一　车 3 退 1

23. 炮四进二　马 1 进 2

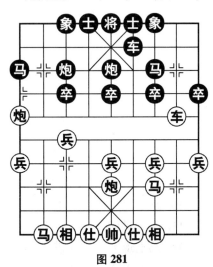

图 281

24. 炮四平七　象3进1　　　25. 车二进二　马2进1

26. 炮七平四　车3平2　　　27. 车二平三　马7退6

28. 车三进五　车2进1　　　29. 炮四平五　象1退3

30. 仕五进六　车2进2　　　31. 帅五进一　车2退1

32. 帅五退一　炮5进3?　　　33. 炮五进二　象3进5

34. 炮五进三!　士5进6　　　35. 马五退三　车2进1

36. 帅五进一　马1退2

37. 炮五退三　马2退4

38. 炮五进二　车2退1

39. 帅五退一　车2进1

40. 帅五进一　车2退1

41. 帅五退一　车2平6

42. 后马进二　炮2进4

43. 马二退四!　马4进3

44. 仕六退五　马3进5

45. 炮五平六!　车6退2

46. 马三退四　炮2平6

47. 车三退六（图282）

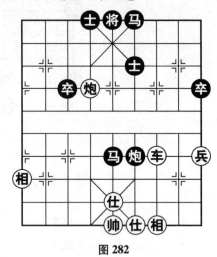

图 282

第 142 局　孙勇征胜万春林

1. 兵七进一　炮2平3

2. 炮二平五　炮8平5

3. 马二进三　马2进1

4. 马八进七　车1平2

5. 车九平八　马8进7

6. 车一平二　车9进1

7. 炮八进四　卒3进1

8. 炮八平七　卒3进1（图283）

9. 车八进九　马1退2

10. 炮七进三　士4进5

11. 车二进四　卒3进1

12. 马七退五　士5进4

13. 炮七退六　车9平2

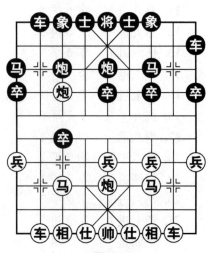

图 283

14. 车二平七	车 2 进 3	15. 马五进七	卒 7 进 1
16. 炮七进四	马 2 进 3	17. 马七进六	车 2 退 1
18. 炮五平六	士 6 进 5	19. 仕四进五	卒 5 进 1
20. 马六进七	马 7 进 5	21. 相三进五	炮 5 平 7
22. 马七退五!	象 7 进 5	23. 车七平二	马 5 进 3
24. 马五退七	后马进 4	25. 兵五进一	马 4 进 3
26. 兵五进一!	车 2 平 6	27. 兵五平六	后马退 2
28. 兵三进一	马 3 退 5	29. 马三进五	马 2 进 1
30. 马七进九	卒 1 进 1	31. 兵三进一	马 5 退 7
32. 仕五进四	车 6 进 3	33. 马五进七	车 6 平 9
34. 仕六进五	炮 7 平 6	35. 炮六退二!	马 7 进 8
36. 车二平三	车 9 进 2		
37. 炮六进一	车 9 进 1		
38. 相五退三	马 8 退 7		
39. 马七进八	炮 6 退 1		
40. 仕五退四	炮 6 平 7		
41. 马八进六!	士 5 进 4		
42. 车三进一	炮 7 进 8		
43. 帅五进一	炮 7 平 3		
44. 车三平五	炮 3 退 8		
45. 车五进二	炮 3 平 5		
46. 车五平六	将 5 平 6		
47. 车六进二	将 6 进 1		
48. 车六退一 (图 284)			

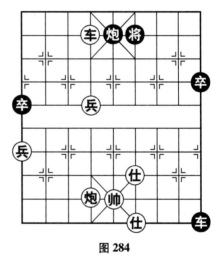

图 284

第 143 局　林宏敏胜许波

1. 兵七进一	炮 2 平 3	2. 炮二平五	炮 8 平 5
3. 马二进三	马 2 进 1	4. 马八进七	车 1 平 2
5. 车九平八	马 8 进 7	6. 车一平二	车 9 进 1
7. 炮八进四	车 9 平 4	8. 车二进四	车 4 进 5 (图 285)
9. 炮八平五	士 4 进 5	10. 车八进九	马 1 退 2
11. 前炮退一	车 4 平 3	12. 马七退五	车 3 平 4
13. 前炮平四	车 4 进 2	14. 炮五进五	象 3 进 5

15. 马五进四　马7进5

16. 兵五进一！马5进4

17. 仕四进五　车4退2

18. 马四进六　车4退1

19. 相三进五　马2进4

20. 炮四进一　马4进2

21. 车二平三　卒7进1？

22. 车三进一！卒3进1

23. 兵五进一　卒3进1

24. 车三退一　车4进3

25. 相七进九　卒3进1

26. 炮四平八　车4平2

27. 车三进二　车2退4

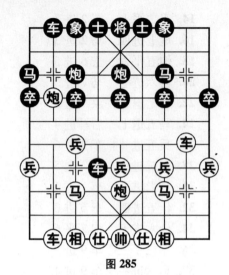

图285

28. 车三平七　炮3平4

29. 兵五进一　炮4进6

30. 兵五进一　象7进5

31. 炮八平一　马2进3

32. 马三进五　马3进5

33. 车七平五　马5退7

34. 炮一进三　象5退7

35. 车五平六！马7进8？

36. 车六退五　车2平5

37. 马五进三　马8进7

38. 帅五平四　车5平6

39. 仕五进四　马7退5

40. 帅四平五　车6进3

41. 马三进二　车6进2

42. 帅五进一　车6退6

43. 马二进三　车6退2

44. 帅五进一　车6平7

45. 车六平四　将5平4

46. 车四进二　卒3进1

47. 车四平六　将4平5

48. 车六平七（图286）

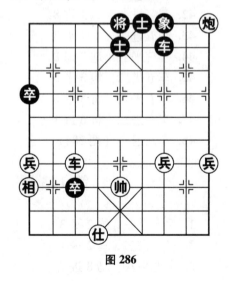

图286

第144局　吕钦胜陈孝坤

1. 兵七进一　炮2平3

2. 炮二平五　炮8平5

3. 马二进三 马2进1

4. 马八进七 卒3进1

5. 马七进六 车1平2

6. 车九平八 卒3进1

7. 马六进五 炮3进1

8. 炮八进五 车9进1

9. 车一进一 车9平4

10. 车一平八 车4进2（图287）

11. 炮八退一 炮3进6

12. 后车平七 车2进3

13. 车八进五 车4平2

14. 车七进四 车2平3

15. 车七平八 炮5退1

16. 马五进四！马8进9

17. 兵三进一 马1退3

18. 车八平四 马3进5

19. 仕四进五 马9退7

20. 兵五进一 马5进4

21. 兵五进一 马4进3

22. 炮五进六 士4进5

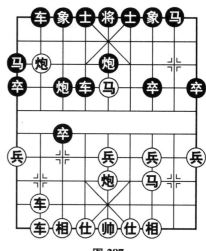

图 287

23. 马三进五 马7进6

24. 马四退二 马6进5

25. 马二退四！车3平4

26. 帅五平四 将5平4?

27. 马五进七 车4平3

28. 车四退一！士5进4

29. 马四进六 车3进2

30. 车四平六 车3退3

31. 马六退四 将4平5

32. 马四退五 车3平6

33. 帅四平五 马3进1

34. 兵五进一 车6进3

35. 马五进四 士6进5

36. 车六退二 象7进5

37. 车六平八 马1退3

38. 车八进八 马3退4

39. 马四进三 车6退4

40. 马三退一 马4退3

41. 车八退三 卒7进1

42. 马一退三！车6平7

43. 兵五进一 卒7进1

44. 车八平七 马3退4

45. 兵五进一 车7平5

46. 车七进三 车5进2

47. 马三进四 车5退2

48. 马四退二 卒7平6

49. 车七退三 车5进1

50. 马二退四 车5平7

51. 相三进五 马4进2

52. 车七进二！车7平2

53. 车七进一（图288）

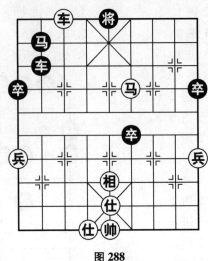

图 288

第 145 局　郑新年负罗忠才

1. 兵七进一	炮 2 平 3	2. 炮二平五　炮 8 平 5
3. 马二进三	马 2 进 1	4. 炮八平六　马 8 进 7
5. 车一平二	车 1 平 2	6. 马八进七　车 2 进 6
7. 车九进二	车 2 平 3	
8. 炮六进五	士 6 进 5（图 289）	

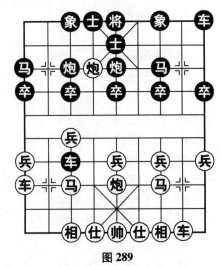

图 289

9. 炮六平三	炮 3 平 7	
10. 炮五进四	马 1 退 2	
11. 相三进五	马 2 进 3	
12. 炮五退一	马 3 进 5	
13. 车二进五	炮 7 进 4	
14. 马七退五	炮 5 进 2	
15. 车二平五	马 5 进 7	
16. 车五平四	象 7 进 5	
17. 相五进三	车 9 平 8	
18. 相七进五	车 8 进 6	
19. 车九平六	炮 7 平 9	
20. 马三进一	车 8 平 9	21. 车六进四　车 9 平 5
22. 车六平三	车 5 平 6	23. 车四退二　车 3 平 6

24. 马五退七　车6平1
25. 车三平七　卒9进1
26. 马七进六　卒1进1
27. 车七平九　卒1进1
28. 仕四进五　将5平6
29. 车九退一　卒9进1
30. 车九平四　马7退6
31. 相三退一　将6平5
32. 车四平九　车1平5!
33. 相一退三　卒1进1
34. 兵七进一　车5平4
35. 车九退一　马6进7
36. 车九平三　卒9进1
37. 兵七进一　卒9平8
38. 车三平四?　马7进6!
39. 相五退七　马6退4
40. 兵七平八　卒8平7
41. 马六退四　马4进2
42. 车四退二　车4退3
43. 车四平七　车4平7
44. 相三进一　卒7进1!
45. 马四进五　卒7进1
46. 马五进七　卒7平6
47. 马七退六　车7进5
48. 车七平八?　车7退1!
49. 马六进七　将5平6!
50. 仕五退四　卒6进1
51. 帅五进一　车7进1
52. 帅五进一　车7退1
53. 帅五退一　车7进1
54. 帅五进一　车7平4（图290）

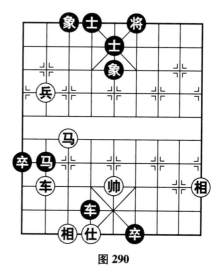

图 290

第 146 局　龚晓民胜侯昭忠

1. 兵七进一　炮2平3
2. 炮二平五　炮8平5
3. 马二进三　马2进1
4. 炮八平六　马8进7
5. 车一平二　车9进1
6. 马八进七　车9平4
7. 仕四进五　车1平2
8. 车二进四　车4进5
9. 马七进六　士4进5
10. 马六进五　马7进5
11. 炮五进四　车4退3
12. 炮六平五　车2进5（图291）
13. 车二进五　象7进9
14. 帅五平四　将5平4
15. 前炮进二!　车4平6
16. 帅四平五　车2平3
17. 相七进九　车3进2
18. 仕五进六　车3平4

19. 仕六进五　车4进1
20. 车九平六　车4进1
21. 仕五退六　卒1进1
22. 前炮平九　炮5进5
23. 相三进五　马1进2
24. 车二平四！车6退3
25. 炮九进一　象3进5
26. 炮九平四　卒7进1
27. 兵三进一　卒7进1
28. 相五进三　炮3退1
29. 炮四退八　炮3平5
30. 相三退五　马2进1
31. 仕六进五　象9进7
32. 仕五进六　马1退2
34. 兵五进一　卒1进1
36. 马二进三　马2进3
38. 帅五平六　卒1进1
40. 兵五平六　马7退6
42. 马三退一　炮5进7
43. 仕六退五　马6进5
44. 马一进二　马5退6
45. 马二退四　马6退5
46. 相七进五　将5平4
47. 兵一进一　卒1平2
48. 兵一进一　卒2平3？
49. 马四退五！前卒平4
50. 马五进七　卒4进1
51. 马七进五　卒4平5
52. 兵六进一　将4平5
53. 兵六进一　卒5进1
54. 马五进三！马5退6
55. 兵一平二（图292）

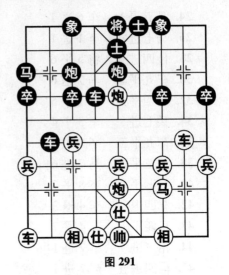

图 291

33. 炮四平五　将4平5
35. 马三进二　卒9进1
37. 兵五进一　马3进5
39. 相九退七　马5进7
41. 兵六进一　卒3进1

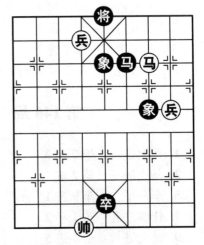

图 292

第 147 局　潘振波负陈信安

1. 兵七进一　炮2平3　　　　2. 炮二平五　炮8平5

3. 马二进三　马2进1　　　　4. 炮八平六　车1平2

5. 马八进七　马8进7　　　　6. 车一平二　车2进6

7. 车九平八　车2平3

8. 相七进九　卒7进1（图293）

9. 车八进五　象7进9

10. 仕六进五　士6进5

11. 车二进六　车9平6

12. 车二平三　车6进6

13. 兵三进一　车6平7

14. 兵三进一　炮5平4

15. 车三平二　炮4进1

16. 炮五进四?　炮3平5!

17. 炮五退一　炮4平5

18. 相三进五　车3进1

19. 相九退七　后炮进2

20. 车八平五　炮5退1

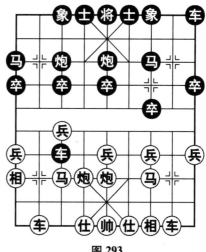

图 293

21. 兵三进一　马7退6

22. 兵三平四　卒1进1　　　　23. 车二平三　车7退3

24. 兵四平三　炮5平2!　　　　25. 马三进四　炮2进7

26. 炮六退二　炮2平4　　　　27. 帅五平六　车3平2

28. 车五平九　马1进2　　　　29. 马四进六　马6进5

30. 马六进五　象3进5　　　　31. 兵一进一　车2进2

32. 帅六平五　马2进4　　　　33. 仕五退六　卒3进1!

34. 兵七进一　车2退6　　　　35. 兵七进一　车2平3

36. 车九平六　马4进6　　　　37. 仕六进五　马6进7

38. 帅五平六　车3平7　　　　39. 车六退一　车7平2

40. 仕五进四　车2进6　　　　41. 仕四进五　车2退3

42. 兵九进一　车2平5　　　　43. 兵九进一　车5平9

44. 相五退三　车9平3　　　　45. 相三进五　车3退2

46. 兵九进一　车3退1　　　　47. 兵九进一　车3退1

48. 兵九进一　车3退1　　　　49. 车六进二　车3平1

50. 车六退二　车 1 进 8

51. 车六平五　车 1 退 3

52. 车五平六　车 1 平 3

53. 仕五退四　马 7 退 6

54. 车六进二　马 6 退 7

55. 车六退二　车 3 平 9

56. 车六平二　车 9 平 4

57. 帅六平五　马 7 进 6（图 294）

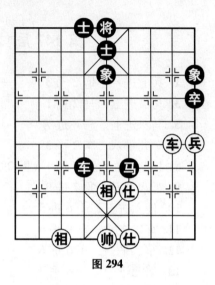

图 294

第 148 局　赵国荣胜郑鑫海

1. 兵七进一　炮 2 平 3　　　**2.** 炮二平五　炮 8 平 5

3. 马二进三　马 2 进 1　　　**4.** 马八进七　车 1 平 2

5. 车九平八　马 8 进 7　　　**6.** 车一平二　车 9 进 1

7. 炮八进四　车 9 平 4

8. 车二进四　士 6 进 5（图 295）

9. 车二平六　车 2 进 1

10. 炮五平六！车 4 进 4

11. 马七进六　卒 7 进 1

12. 相七进五　卒 1 进 1

13. 仕六进五　象 7 进 9

14. 兵三进一　卒 7 进 1

15. 相五进三　卒 5 进 1

16. 相三退五　马 7 进 8

17. 车八进四　马 8 退 6

18. 马六进五　炮 3 平 4？

19. 兵七进一！马 1 退 3

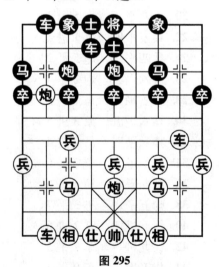

图 295

20. 兵七进一　马 3 进 2　　　**21.** 炮六进四！马 6 退 8

22. 炮六平八　士 5 退 6　　　**23.** 马三进二　士 4 进 5

24. 马二进三　象9退7
25. 马五退七　炮4退2
26. 马三退五　车2平4
27. 马七退五　车4进5
28. 兵七进一　炮5进3
29. 兵五进一　马8进7
30. 马五退三　车4平3
31. 车八进一　象7进9
32. 炮八平三　马7退5
33. 兵七平六　马5进4
34. 马三进四！车3平6
35. 车八进一　马4进2
36. 炮三退五　士5进4
37. 马四进六　炮4进1
38. 车八进三　车6平3
39. 车八退一　士6进5
40. 马六退四　炮4平3
41. 兵五进一　象9退7
42. 马四退六！马2进3
43. 炮三平七　车3进2
44. 马六进八　炮3进1
45. 车八平七　象3进5
46. 马八退六　炮3进1
47. 兵五进一　车3退4
48. 兵五进一　象7进5
49. 马六进五　士5进4
50. 马五进三　将5平4
51. 车七退一！将4进1
52. 马三退四　士4退5
53. 车七进一　将4退1
54. 马四进五　车3进2
55. 马五进三　车3平1
56. 车七进一　将4进1
57. 马三退四　将4平5
58. 车七退三（图296）

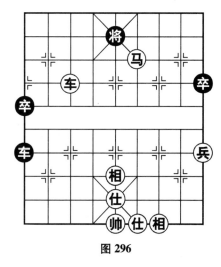

图 296

第149局　洪智胜申鹏

1. 兵七进一　炮2平3
2. 炮二平五　炮8平5
3. 马二进三　马2进1
4. 车一平二　车1平2
5. 马八进七　卒3进1
6. 车二进五　卒5进1（图297）
7. 马三退五　马1进3
8. 兵七进一　炮3进2
9. 车二退一　车2进6
10. 车二平七　炮3进3
11. 马五进七　车2退3
12. 车九平八　车9进1
13. 炮八平九　车9平2
14. 车七进二！前车平3？

15. 车八进八　车3进4
16. 车八平二　炮5进4
17. 仕四进五　象7进5
18. 炮九进四！车3退4
19. 炮九退二　车3平6
20. 车二进一　卒5进1
21. 炮九进四　士4进5
22. 兵一进一　卒7进1
23. 炮九进一　象3进1
24. 相三进一　卒5平6
25. 兵三进一　卒6进1
26. 兵三进一　卒6进1
27. 车二退六！车6平5
28. 兵三平四　卒6平5

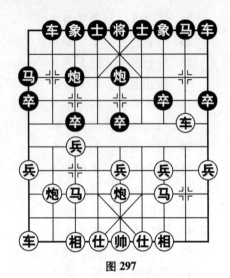

图 297

29. 相七进五　炮5退1
30. 车二平八　将5平4
31. 车八进六　将4进1
32. 车八退五　炮5进1
33. 车八平六　士5进4
34. 车六退一　炮5退1
35. 兵九进一　炮5平8
36. 车六平二　炮8平4
37. 车二平六　炮4平8
38. 相一进三　炮8退3
39. 兵九进一　象1进3
40. 车六平八　士4退5
41. 车八进五　将4退1
42. 车八进一　将4进1
43. 兵九平八　炮8进1
44. 炮九退八！炮8退3
45. 车八退一　将4退1
46. 仕五进六　象3退1
47. 炮九平五！车5平8
48. 炮五进六　车8进6
49. 帅五进一　车8退1
50. 帅五退一　车8进1
51. 帅五进一　车8退7
52. 炮五退三　车8平4
53. 车八进一　将4进1
54. 车八退一　将4退1
55. 车八退二　车4进5
56. 车八平二　炮8平7

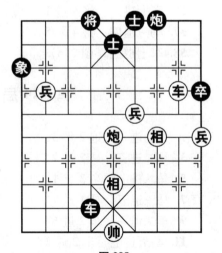

图 298

57. 兵八进一　车4进1　　　58. 帅五退一　车4进1

59. 帅五进一　车4退1　　　60. 帅五退一（图298）

第150局　吕钦胜言穆江

1. 兵七进一　炮2平3　　　2. 炮二平五　炮8平5

3. 马二进三　马2进1　　　4. 马八进七　车1平2

5. 车九平八　卒3进1　　　6. 马七进六　卒3进1

7. 马六进五　炮3进1　　　8. 炮八进五　车9进1

9. 车一进一　车9平4　　　10. 车一平八　车4进2

11. 炮八退一　炮3进6　　　12. 后车平七　车2进3

13. 车八进五　车4平2

14. 车七进四　车2平3（图299）

15. 车七平八　马8进9

16. 兵三进一　士6进5

17. 兵一进一　卒1进1

18. 仕四进五　马9退7

19. 马三进四　炮5进4

20. 马五进六！车3平6

21. 车八平五　炮5平2

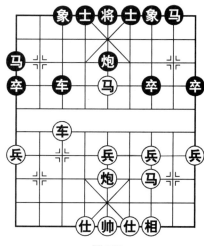

图299

22. 仕五退四　马7进5

23. 车五平七　马1进2

24. 车七平八　马2退3

25. 炮五平七　象3进1

26. 马四退六！车6平4　　　27. 车八退一　车4退2

28. 炮七平六　马3进4　　　29. 炮六平五　车4进2

30. 马六进五　车4平6　　　31. 仕六进五　将5平6

32. 车八平二　车6进1　　　33. 马五退四　将6平5

34. 马四退六　车6进1　　　35. 车二进六　马4进3

36. 炮五进一　马3退4　　　37. 炮五进三　车6退5

38. 马六进七　象7进9　　　39. 车二退二　车6平3

40. 炮五退四　车6平5　　　41. 车二平一　象1进3

42. 车一进二　士5退6　　　43. 车一退三　马4进6

44. 炮五平二！车5进2　　　45. 马七退六　车5平2

46. 炮二进七　士6进5
48. 仕五退六　象3退5
49. 车一进三　士5退6
50. 车一退四　卒7进1
51. 车一平三　车2平4
52. 车三平五！车4进2
53. 炮二平四　车4退1
54. 仕四进五　士4进5
55. 炮四退二　马4进5
56. 相三进一　车4平1
57. 车五进二　马5进7
58. 车五退二　卒1进1
59. 车五退一　车1平8
60. 车五平九（图300）

47. 炮二退五　马5进4

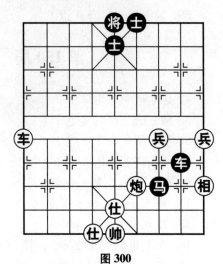

图300

第四章　其　他

第 151 局　陈孝坤胜万跃明

1. 兵七进一　炮 2 平 3	2. 炮二平五　炮 8 平 5
3. 马八进七　卒 3 进 1	4. 马七进六　卒 3 进 1
5. 马六进五　马 8 进 7	6. 马二进三　车 9 进 1（图 301）
7. 车一平二　卒 3 进 1	8. 炮八进二！卒 3 平 4
9. 仕六进五　卒 4 平 5	10. 马三进五！马 7 进 5
11. 炮五进四！炮 5 进 4	12. 相七进五　炮 3 进 3
13. 车二进七！车 9 平 2？	14. 炮八平九！车 2 进 2
15. 炮九进五　车 2 平 5	16. 炮九平七！士 4 进 5
17. 车九平八！（图 302）	

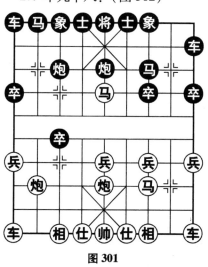

图 301

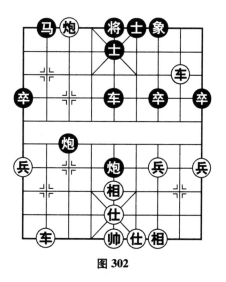

图 302

第152局　黄国棣胜陈苏

1. 兵七进一　炮2平3	2. 炮二平五　炮8平5
3. 马八进七　马8进7	4. 马二进三　卒3进1
5. 马七进六　卒3进1	6. 马六进五　车9进1
7. 车一平二　卒3进1	8. 车九平八　车9平4（图303）
9. 炮八进五　马7进5	10. 炮五进四　士4进5
11. 炮八平五　象7进5	12. 炮五平一！象5退7
13. 炮一进三　车4进4	14. 车二进七！士5进4?
15. 车二进一　士4退5	16. 车八进八！炮3进7
17. 帅五进一　将5平4	18. 车八平五（图304）

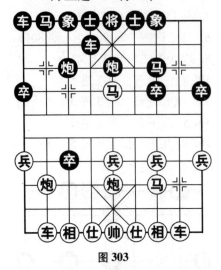

图303

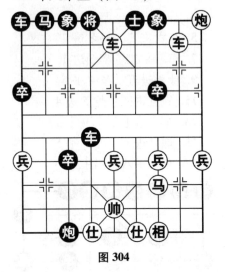

图304

第153局　胡荣华胜陈孝坤

1. 兵七进一　炮2平3	2. 炮二平五　炮8平5
3. 马二进三　卒3进1	4. 车一平二　卒3进1
5. 马八进九　炮3退1	6. 车九平八　马8进7（图305）
7. 炮八进五　马2进3	8. 炮五平七　马7退5
9. 炮八平五　象3进5	10. 车八进七！象5进3
11. 车二进七　象7进5	12. 兵五进一　车9进1

13. 马三进五　马 3 进 4　　14. 马五进三　卒 7 进 1

15. 兵五进一　马 5 退 7　　16. 车二平三　卒 5 进 1

17. 马三进五！炮 3 平 5　　18. 车八平六　马 4 退 3

19. 车六退一　炮 5 进 3　　20. 车三平五　士 6 进 5？

21. 车五退二！（图 306）

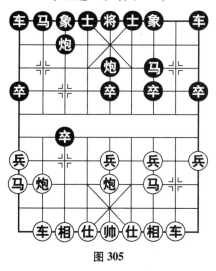

图 305

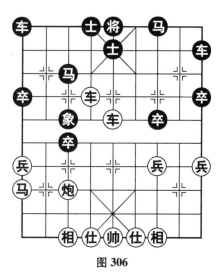

图 306

第 154 局　吕钦胜孙浩宇

1. 兵七进一　炮 2 平 3

2. 炮二平五　炮 8 平 5

3. 马二进三　卒 3 进 1

4. 车一平二　卒 3 进 1

5. 马八进九　马 8 进 7（图 307）

6. 车九平八　车 9 平 8

7. 车二进九　马 7 退 8

8. 炮八进六！马 8 进 7

9. 兵三进一　卒 1 进 1

10. 炮五退一　车 1 进 3

11. 相七进五　卒 1 进 1

12. 兵九进一　车 1 进 2

13. 车八进二　卒 3 进 1

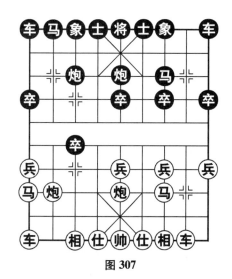

图 307

14. 马九进八　车1退1?

15. 马八进七　车1平3?

16. 炮八平七!　车3平4

17. 车八进七　车4退1

18. 炮五平九　卒3平4

19. 炮九进八　将5进1

20. 炮九退三　车4进1

21. 炮七平八!（图308）

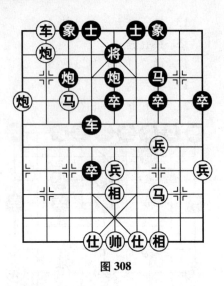

图 308

第 155 局　张申宏负陈建昌

1. 兵七进一　炮2平3

2. 炮二平五　炮8平5

3. 马二进三　卒3进1

4. 车一平二　卒3进1

5. 马八进九　马8进7

6. 车二进四　卒3进1（图309）

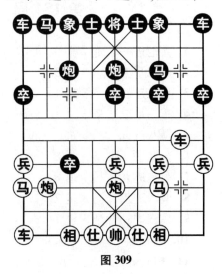

图 309

7. 车九平八　车9进1

8. 仕六进五　马2进1

9. 车二平七　车9平3!

10. 车七退一　车1平2

11. 炮八进四　卒7进1

12. 兵九进一　炮3进7

13. 炮八进一?　车3进5

14. 马九进七　炮3退2

15. 马三退一　炮5进4!

16. 马七进六　炮5退2

17. 马六进七　车2进1

18. 车八平六　士6进5

19. 炮八平三　马1进3

20. 马七退九　车2进3

21. 炮三平二　马3进4

22. 炮五进二?　炮3退2!（图310）

· 170 ·

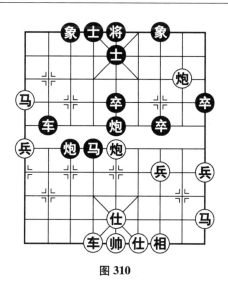

图 310

第 156 局　赵鑫鑫胜范思远

1. 兵七进一	炮2平3	**2.** 炮二平五	炮8平5
3. 马二进三	卒3进1	**4.** 马八进九	卒3进1
5. 车一平二	马8进7	**6.** 车九平八	卒1进1
7. 车二进五	车9进1		
8. 车二平七	卒3平4（图311）		

9. 炮八进六　车1进1

10. 炮八退二　车9平3

11. 炮八平三　象7进9

12. 车七平六　马2进1

13. 车六退一　炮3进1

14. 车六平三！炮3进4

15. 炮五退一　车3进3

16. 炮五平七　炮3平6

17. 车三平四！炮5进4?

18. 车四退二　炮5退2

19. 车八进三　车3平4

20. 帅五进一！车4进5

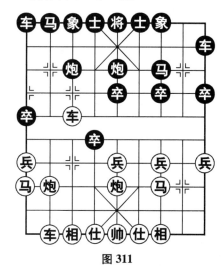

图 311

21. 帅五平四	车1平8		
22. 车八进四	炮5平7		
23. 兵三进一	炮7平2		

24. 炮七平五！ 士4进5　　　**25.** 马九进七　炮2平5

26. 车八平三（图 312）

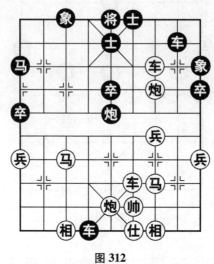

图 312

第 157 局　李鸿嘉胜李艾东

1. 兵七进一　炮2平3　　　　**2.** 炮二平五　炮8平5

3. 马二进三　卒3进1　　　　**4.** 车一平二　卒3进1

5. 马八进九　马8进7　　　　**6.** 车二进四　卒3进1（图 313）

7. 炮八进四　卒3平4

8. 炮八平三　炮3退1

9. 车二平七　马2进1

10. 车九平八　卒4平5

11. 炮五退一　后卒进1

12. 马三进五！车9平8?

13. 马五进四　马7退9

14. 车八进七　炮3平5

15. 相三进五　车8进4

16. 马四进三！车8退2

17. 马三进五　士6进5

18. 炮五平七！车8平6

19. 炮七进八　车1平3

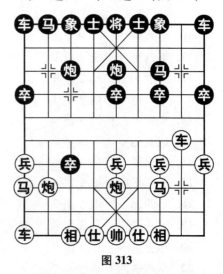

图 313

20. 车七进五　将5平6
21. 车八平九　车6进7
22. 帅五进一　车6退6
23. 炮三平九　卒5进1
24. 车七退四　卒5平4
25. 车九平五　象7进5
26. 炮九进三　将6进1
27. 车七平六（图314）

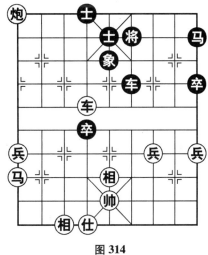

图 314

第 158 局　许波胜王家元

1. 兵七进一　炮2平3
2. 炮二平五　炮8平5
3. 马二进三　卒3进1
4. 车一平二　马8进7
5. 马八进九　卒3进1
6. 车二进四　卒3进1（图315）
7. 车二平八　马2进1
8. 车八平七　卒3平2
9. 炮八平六　炮3平4
10. 车九平八　车1平2
11. 马九退七　车9进1
12. 车八进三　车2进6
13. 马七进八　车9平3
14. 车七进四　马1退3
15. 兵三进一　象3进1
16. 炮六平九!　象7进9
17. 炮九进四　卒7进1
18. 兵三进一　象9进7
19. 马八进六　炮4进2
20. 仕六进五　炮5平4
21. 马三进四　后炮进3
22. 马四进六　象1进3
23. 马六退四　象3退5

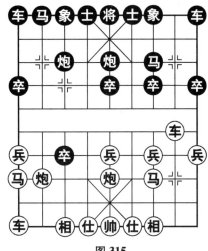

图 315

24. 炮五进四　士4进5

25. 炮五平三　马3进2?

26. 马四进五!　马2进3

27. 马五进三（图316）

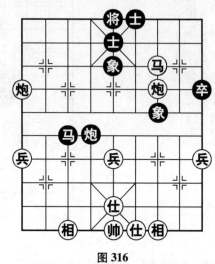

图 316

第159局　朱晓虎负郑一泓

1. 兵七进一　炮2平3

2. 炮二平五　炮8平5

3. 马二进三　卒3进1

4. 车一平二　卒3进1

5. 马八进九　马8进7

6. 车九平八　车9平8（图317）

7. 车二进九　马7退8

8. 炮五进四　士4进5

9. 炮八平五　马2进1

10. 仕六进五　马8进7

11. 兵三进一　车1平2

12. 车八进九　马1退2

13. 马三进四　炮3进7

14. 前炮退一　马2进3

15. 后炮平三　将5平4

16. 炮三平六?　炮5平4

17. 相三进五　炮5退1

18. 马九退七　象3进5

19. 帅五平六　卒3进1!

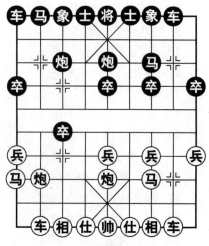

图 317

20. 马七进九　卒 3 进 1
21. 炮六进一　卒 3 平 2
22. 相五退七　卒 2 平 1
23. 马四退五　炮 5 进 1！
24. 相七进九　马 3 进 2
25. 兵九进一　马 7 进 5
26. 炮六退二　将 4 平 5
27. 相九退七　马 2 进 4
28. 炮五退一　马 5 进 3
29. 马五进七　马 4 进 3！
30. 炮六平七　炮 5 平 8
31. 相七进五　后马进 2（图 318）

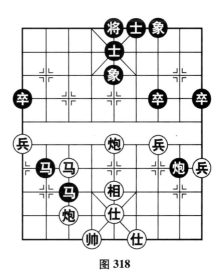

图 318

第 160 局　蒋川胜胡荣华

1. 兵七进一　炮 2 平 3
2. 炮二平五　炮 8 平 5
3. 马二进三　卒 3 进 1
4. 车一平二　卒 3 进 1
5. 马八进九　炮 3 退 1
6. 炮八进六　车 1 进 2（图 319）
7. 车九平八　马 8 进 7
8. 车二进五　车 1 平 3
9. 车二平六　卒 3 平 2
10. 仕六进五　车 9 平 8
11. 炮五平六　士 6 进 5
12. 相七进五　炮 5 平 4
13. 车六平八！车 8 进 6
14. 兵三进一　车 8 平 6？
15. 后车进四　车 6 平 7
16. 后车退一　象 7 进 5
17. 兵九进一　卒 5 进 1
18. 前车平五　车 3 进 1

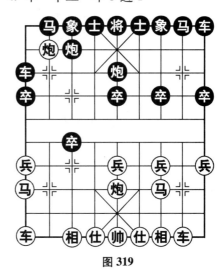

图 319

19. 车八退三　炮 3 平 4？
20. 炮八退五！后炮进 6
21. 炮八平三　前炮平 7
22. 马九进七　炮 4 进 4
23. 炮三平六　车 3 进 3

24. 炮六进一　马 2 进 3

25. 炮六平五！车 3 退 3

26. 兵三进一　炮 7 平 8

27. 兵三平四　炮 8 退 4

28. 车八平七　车 3 进 6

29. 相五退七　卒 9 进 1

30. 炮五平三　马 7 进 5

31. 兵四进一！马 5 进 3

32. 兵四平三（图 320）

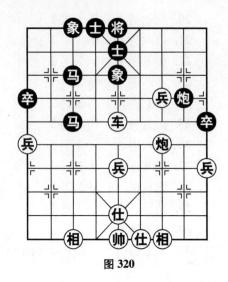

图 320

第 161 局　李雪松胜陈寒峰

1. 兵七进一　炮 2 平 3　　　　**2.** 炮二平五　炮 8 平 5

3. 马二进三　卒 3 进 1　　　　**4.** 马八进九　卒 3 进 1

5. 车一平二　马 8 进 7　　　　**6.** 车九平八　卒 3 平 4

7. 车二进四　卒 4 进 1（图 321）

8. 仕六进五　卒 4 平 5

9. 炮五平六　车 9 平 8

10. 车二平六　士 6 进 5

11. 炮八进五　车 8 进 6

12. 炮八平五　象 7 进 5

13. 马三进五　马 2 进 1

14. 车八进七　炮 3 进 2

15. 车六进四！车 1 平 2？

16. 车八进二　马 1 退 2

17. 车六平八　卒 5 进 1

18. 马五进三　车 8 平 7

19. 马三进五　车 7 进 3

20. 炮六平五！将 5 平 6

21. 车八进一　车 7 退 5

22. 马五退六　车 7 平 4

23. 马九退七　炮 3 进 2

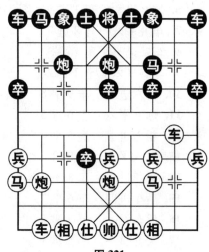

图 321

24. 车八退三　卒 7 进 1
25. 兵一进一　炮 3 退 1
26. 车八平四　将 6 平 5
27. 车四退二　炮 3 退 2
28. 炮五平六　车 4 平 2
29. 车四平八　车 2 平 6
30. 相七进五　炮 3 平 5
31. 车八平四　车 6 平 2
32. 车四平八　车 2 平 6
33. 车八平五　车 6 平 2
34. 马六进八　卒 1 进 1
35. 马七进六（图 322）

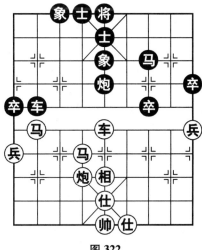

图 322

第 162 局　赵国荣负郝继超

1. 兵七进一　炮 2 平 3
2. 炮二平五　炮 8 平 5
3. 马二进三　卒 3 进 1
4. 车一平二　卒 3 进 1
5. 马八进九　炮 3 退 1
6. 车九平八　马 8 进 7
7. 炮八进五　马 2 进 3
8. 炮五平七　马 7 退 5
9. 炮八平五　象 3 进 5
10. 车八进七　象 5 进 3（图 323）

11. 兵三进一　车 9 进 2
12. 车二进五　车 1 进 2
13. 车八进一　车 1 退 1
14. 车八退二　车 9 平 6
15. 炮七进三　车 6 进 4
16. 炮七进三　车 1 平 3
17. 马三进二　车 6 平 5
18. 相三进五　车 3 平 4
19. 车八平七　车 4 进 4
20. 车二平四　马 3 退 2
21. 车四进三　马 2 进 1
22. 车七平九　马 1 退 3
23. 马二进三　马 5 进 4

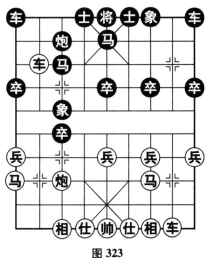

图 323

24. 仕六进五　士4进5
25. 车九进二?　车5平2
26. 车四退三　车2进1
27. 仕五退六　卒3进1
28. 仕四进五　卒3进1
29. 车四平七　卒3平4!
30. 仕五进六　车4进2
31. 车九退四　车4进1
32. 马三退四　车4平2
33. 马四进六　后车平1
34. 马六进四　车1平4
35. 马四退五　马4进5
36. 车九平五　车2平9!
37. 仕六进五　车9进1（图324）

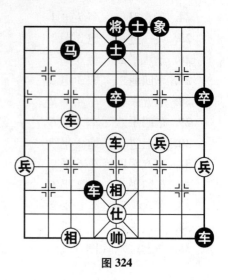

图 324

第 163 局　许银川胜张强

1. 兵七进一　炮2平3
2. 炮二平五　炮8平5
3. 马二进三　卒3进1
4. 车一平二　卒3进1
5. 马八进九　马8进7
6. 车二进五　炮3退1
7. 炮八进六　车1进2
8. 车九平八　车9平8（图325）

9. 车二平六　车8进6
10. 炮五平六　士6进5
11. 相七进五　车8平7
12. 仕六进五　炮5平4
13. 车六平七　炮4平3
14. 车七平四　象7进5
15. 兵九进一　前炮平4
16. 炮八退一　马2进3
17. 炮八平六　士5进4
18. 车四进二　马7退6
19. 车四退三　卒7进1?
20. 炮六进七!　士4退5
21. 炮六退一　卒7进1

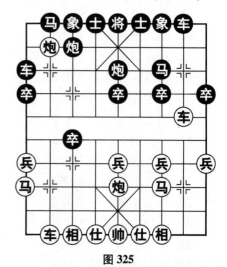

图 325

22. 车四平五　炮3平1

23. 炮六退六　卒1进1

24. 车五平七　卒1进1

25. 车八进八　马6进7

26. 马九进七　卒5进1

27. 车七进二　马7进5

28. 炮六进四！卒1平2

29. 马七进八　车1进7

30. 仕五退六　马3退4

31. 炮六退三　车7进1

32. 车七平五　炮1进5

33. 炮六退一　车7进1

34. 马八进六！车7平6

35. 车五平一　象5退7

36. 车八平五　将5平6

37. 仕四进五　炮1平2

38. 马六进七　炮2进3

39. 相五退七（图326）

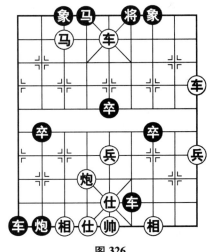

图 326

第 164 局　姜毅之负孙浩宇

1. 兵七进一　炮2平3

2. 炮二平五　炮8平5

3. 马二进三　卒3进1

4. 车一平二　卒3进1

5. 马八进九　马8进7

6. 炮八进四　卒3平4（图327）

7. 马九进七　卒7进1

8. 马七进八　炮3进2

9. 车二进四　马2进3

10. 炮八平七　卒4进1

11. 车二平七　象3进1

12. 马八进九　车1进2

13. 车七进一　车1平2

14. 车七平三　车9进2

15. 车九进二　马7退5

16. 车三平四　车9平7

17. 炮五退一　炮5平6

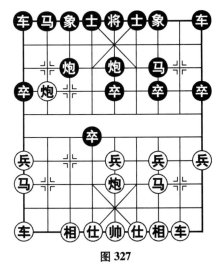

图 327

18. 兵三进一　车2进6　　　19. 兵五进一　车2平3

20. 炮七平一　车3进1　　　21. 兵五进一　炮6平4

22. 炮五进五　马5退3　　　23. 仕四进五　炮4平6

24. 炮一进三　车7平9　　　25. 车九平五　车3退4

26. 车五进二　车3进2　　　27. 相三进五　后马进2

28. 兵五平六　马3进5

29. 车五进二　士4进5

30. 炮一平四？马2退4！

31. 车五退二　炮6平2！

32. 车四进三　炮2退1！

33. 兵三进一？车3平5！

34. 车四平五　炮2平5

35. 车五退二　车9平6

36. 马三进二　象7进5

37. 兵六平五　象5退7

38. 车五平七　将5平6

39. 车七进七　炮5退1

40. 马二进四　马4进2（图328）

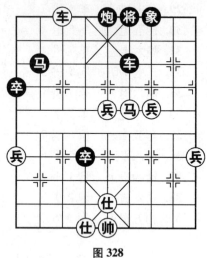

图 328

第 165 局　许波负任占国

1. 兵七进一　炮2平3

2. 炮二平五　炮8平5

3. 马二进三　车9进1

4. 车一平二　马8进7

5. 马八进七　车9平4

6. 车二进四　卒3进1

7. 马七进八　炮3进3

8. 车二平三　马2进3（图329）

9. 相七进九？车4进6！

10. 车九平八　炮3进1

11. 仕六进五　车4进1

12. 车八平七　卒3进1

13. 相九进七　马3进4

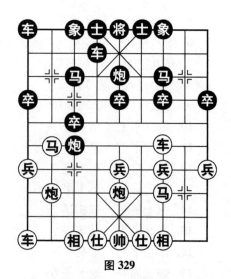

图 329

14. 车三进二　炮5平3！

15. 炮五进四？马7进5

16. 车三平五　象3进5

17. 马八进九　马4进6

18. 车五平四　马6进7

19. 马九进七　炮3退4

20. 相七退五　象5进3

21. 车四平五　象7进5

22. 车五平七　马7进9！

23. 相三进一　炮3退2

24. 后车平九　车1平2

25. 炮八进四　卒9进1

26. 车九平八　士4进5

27. 车八进三　炮3平4

28. 兵九进一　车4平1

29. 车七平二　马9退7

30. 车八平六　车1退3

31. 炮八平三　车2进9

32. 仕五退六　马7进6！

33. 炮三平九　炮4进9

34. 车六退二　马6退7

35. 车二平四　车1进3！

36. 车四退五　车1平4

37. 车四平六　车2退6

38. 车六退一　车2平5

39. 车六进五　车5进3

40. 相一退三　车5平7

41. 车六平一　车7平6

42. 帅五平六　车6平4（图330）

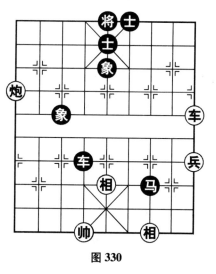

图 330

第166局　杨官璘胜杨焯光

1. 兵七进一　炮2平3

2. 炮二平五　炮8平5

3. 马八进七　卒3进1

4. 马七进六　卒3进1

5. 马六进四　马2进1

6. 马二进三　马8进7（图331）

7. 马四进三　炮3平7

8. 炮五进四　士4进5

9. 车一进一　车1平2

10. 炮八平五　车2进3

11. 车一平七　马1退2

12. 车七进三　马2进3

13. 前炮退一　车9平8

14. 车九进一　车2平4

15. 车九平四　象3进1？

16. 仕四进五　车8进4

17. 兵三进一　将5平4

18. 车四进七！炮7平6

19. 车四平三　象7进9

20. 前炮进三！士6进5

21. 炮五进五　车8进3　　22. 马三退四　象1进3

23. 车七进一　象9进7　　24. 炮五退三　象7退5

25. 车七平四　车4平5　　26. 相七进五　车8退1

27. 炮五平六　车8平5　　28. 炮六退三！前车平1

29. 仕五进六　将4平5　　30. 车三平二　车1进2

31. 车二进一　炮6退2　　32. 炮六平四！车1平6

33. 车四退四　卒7进1　　34. 兵三进一　象5进7

35. 车四进四　象7退5　　36. 马四进三　车5平4

37. 仕六退五　车4平7　　38. 马三进二　车7平5

39. 车四进三　马3进4　　40. 车二平一　马4进3

41. 马二进一　马3进1　　42. 车一平四！士5退6

43. 马一进三（图332）

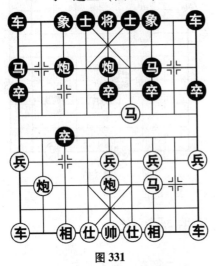

图331

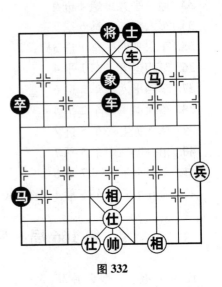

图332

第167局　陶汉明负万春林

1. 兵七进一　炮2平3　　2. 炮二平五　炮8平5

3. 马二进三　卒3进1　　4. 车一平二　卒3进1

5. 马八进九　炮3退1　　6. 车九平八　马8进7

7. 炮八平六　马2进3　　8. 炮六进五？马3进4！（图333）

9. 炮六平三　马4进6　　10. 车二进八　车1进1

11. 仕六进五　炮5退1　　12. 车二退二　车9进2

13. 炮三平二　车 1 进 1

14. 炮二进一　炮 3 平 8

15. 车二进二　马 6 进 7

16. 炮五进四　炮 5 进 5!

17. 仕五进四　车 9 平 8

18. 车二退一　车 1 平 8

19. 车八进三　炮 5 退 1

20. 车八进二　马 7 退 9

21. 车八平五　炮 5 退 2

22. 车五进一　车 8 平 5

23. 车五退五　马 9 进 8!

24. 相三进五　马 8 退 6

25. 车五平四　马 6 退 5

26. 仕四进五　马 5 进 7

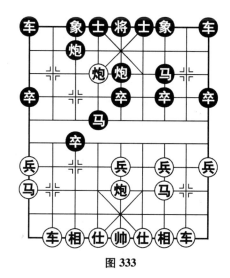

图 333

27. 车四平三　车 5 进 4

28. 兵九进一　车 5 平 4

29. 车三平一　卒 7 进 1

30. 车一进五　象 7 进 5

31. 车一平九　马 7 进 9

32. 车九平四　士 4 进 5

33. 兵九进一　马 9 进 7

34. 车四退五　马 7 退 8

35. 帅五平四　卒 3 进 1

36. 兵九进一　车 4 平 7

37. 车四进五　马 8 进 7

38. 马九进八　车 7 平 9

39. 车四退四　马 7 退 6

40. 相五退三　卒 7 进 1

41. 马八进六　卒 3 平 4

42. 马六进四　卒 7 进 1

43. 马四退二　车 9 平 8

44. 马二退四　车 8 进 3

45. 马四退六　车 8 平 7

46. 帅四进一　车 7 平 3　（图334）

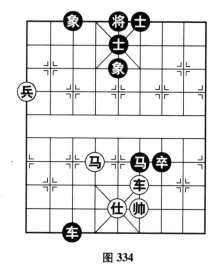

图 334

第168局　张江负谢业枧

1. 兵七进一　炮 2 平 3

2. 炮二平五　炮 8 平 5

3. 马二进三　卒 3 进 1

4. 车一平二　卒 3 进 1

5. 马八进九　炮 3 退 1

6. 车九平八　马 8 进 7

7. 炮八进六　车 1 进 2

8. 车二进五　车 1 平 3（图 335）

9. 车二平六　车 9 平 8

10. 兵三进一　车 8 进 6

11. 炮五平六　士 6 进 5

12. 炮八平五　马 2 进 1

13. 炮五平三　卒 3 进 1

14. 相七进五　士 4 进 5

15. 炮三退二　象 7 进 9

16. 仕六进五　卒 3 进 1

17. 炮六进一　车 8 进 2

18. 兵九进一　卒 3 进 1

19. 车六进三　车 8 平 6

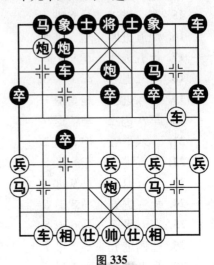

图 335

20. 马九进八　炮 5 平 6！

21. 炮六退三　炮 6 退 1

22. 车六退四　车 6 退 6

23. 马八进九　车 3 进 4

24. 车六进二　车 3 平 1

25. 马九退七　车 6 平 3

26. 马七进九　车 3 平 6

27. 炮六进四？卒 3 平 4！

28. 炮六平五　车 6 平 2！

29. 车八平七　车 1 平 3

30. 车七平九　车 3 平 1

31. 车九平七　车 1 平 3

32. 车七平九　车 2 进 6

33. 炮五平四　炮 6 进 2

34. 车六退四　车 3 平 1

35. 车九平七　车 2 平 3

36. 车七平八　车 3 平 2

37. 车八平七　炮 6 平 1

38. 炮三平九　车 1 退 1

39. 炮九平六　车 2 平 3

40. 车七平八　车 1 平 2

41. 车八平九　炮 3 平 1！

42. 炮六平九　车 2 平 1！

43. 车九平八　车 1 退 2

44. 仕五退六　车 1 进 6！

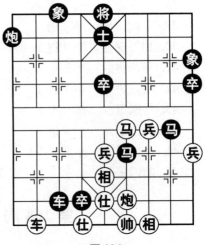

图 336

45. 车六平八 车1平2   **46.** 车八退二 马1进3

47. 仕四进五 马3进4   **48.** 炮四退三 马7进6

49. 马三进四 马4进6   **50.** 帅五平四 后马进8（图336）

第169局 刘忆慈胜陈新全

1. 兵七进一 炮2平3   **2.** 炮二平五 炮8平5

3. 马八进七 马8进7   **4.** 马二进三 马2进1

5. 车九平八 车1平2

6. 炮八进四 车9平8（图337）

7. 炮八平五 马7进5

8. 炮五进四 士6进5

9. 车八进九 马1退2

10. 马七进六 车8进7？

11. 车一进二 车8退3

12. 马三退五 车8平4

13. 马五进七 炮3进3

14. 仕六进五 卒9进1

15. 车一平四 马2进3

16. 车四进四 马3进5

17. 车四平五 炮3进4

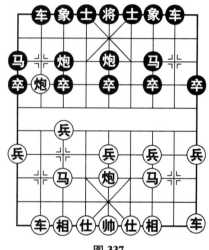

图 337

18. 相三进五 炮5平8   **19.** 仕五进四 炮3退1

20. 车五平三 象3进5   **21.** 车三平二 炮8平7

22. 仕四进五 炮7平9   **23.** 车二平一 卒3进1

24. 兵一进一 卒9进1   **25.** 车一退二 卒3进1

26. 相五进七 炮3退3   **27.** 马六进四 炮3退3

28. 马四进二 炮9平8   **29.** 马七进六 车4退1

30. 马二退四 车4平2   **31.** 车一平二 炮8平6

32. 仕五进六 车2进6   **33.** 帅五进一 车2平4

34. 兵五进一 车4退2   **35.** 兵五进一 车4退1

36. 兵五进一 象5进7   **37.** 车二平五 车4平6

38. 车五平三！车6退1？   **39.** 车三平四 炮6进3

40. 兵三进一 象7进9   **41.** 马六进八 炮3平8

42. 马八进六 士5进4   **43.** 马六退五 卒1进1

44. 马四进三　士4退5

45. 马五进六　炮8退1

46. 兵五平四!　炮6平2

47. 马六进八　炮2退2

48. 兵四进一　象7退5

49. 兵四平五　炮8平7

50. 马三退二　象9退7

51. 兵五进一　士4进5

52. 马二进四!（图338）

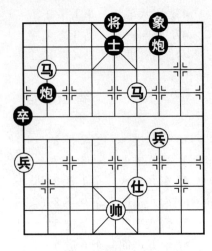

图 338

第170局　刘美松胜吴宗兹

1. 兵七进一　炮2平3

2. 炮二平五　炮8平5

3. 马八进七　马8进7

4. 马二进三　车9进1

5. 车一平二　马2进1

6. 马七进六　车1平2

7. 炮八平六　车2进6

8. 仕六进五　车9平6（图339）

9. 兵七进一!　车2平4

10. 兵七进一　车4退1

11. 兵七进一　马1进3

12. 车二进六　车6进2

13. 车九平八　马3进5

14. 炮五进三　卒5进1

15. 相三进五　士6进5

16. 兵三进一　卒5进1

17. 兵五进一　车4平5

18. 兵三进一!　车6平3

19. 兵七平六　士5进4

20. 车二平三　车3平7

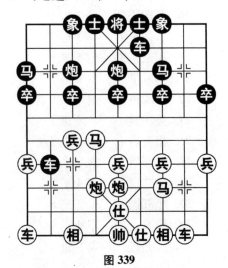

图 339

21. 兵三进一　马7进5

22. 兵三平四　马5进3

23. 兵四进一　炮5进2

24. 车八进六　车5平4　　25. 兵四进一!　士4退5
26. 车八平三　士5退6　　27. 车三退一　车4平5
28. 车三进四　士4进5　　29. 车三退六　象3进5
30. 车三平四　车5平4　　31. 车四进二　炮5进1
32. 帅五平六　马3进2　　33. 炮六退一　车4进1
34. 车四平八　车4平3　　35. 相七进九　马2进3
36. 相五进七!　车3平7　　37. 车八退三　炮5平4
38. 帅六平五　马3退2　　39. 炮六平八　炮4平5
40. 帅五平六　车7平4　　41. 炮八平六　车4平7
42. 炮六平八　车7平4　　43. 炮八平六　车4平7
44. 炮六平八　车7平4　　45. 炮八平六　炮5平7
46. 兵一进一　炮7退1
47. 车八平五　车4平7
48. 马三退一　炮7平8
49. 车五平二　炮8平4
50. 帅六平五　车7平4
51. 车二进一!　炮4平5
52. 帅五平六　炮5进2
53. 仕五进六　车4平3
54. 车二平四　马2进3
55. 马一进三　车3平2
56. 炮六平二!　炮5平4?
57. 车四平六　马3退5
58. 帅六进一　（图340）

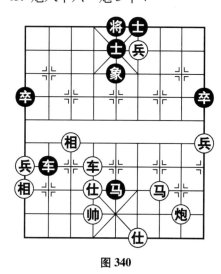

图340